Mana Pass

ŽELJA

Izdavač: Put rukopisa

Knjiga 1

Urednik

Dragutin Dumančić

ISBN 978-953-8344-03-9

CIP zapis je dostupan u računalnome katalogu Nacionalne i

sveučilišne knjižnice u Zagrebu pod brojem 001061585

Mana Pass

Želja

Roman

Put rukopisa

Kutina, 2020.

za Marina, koji je bio mamina i tatina velika želja

Ova knjiga nije pisana prema istinitoj priči,
ali je svaki njezin dio istinit
i u nekom se trenutku
sve ovo nekomu dogodilo.

1

Zašto nisam nazvala barem jednu od njih da vidim hoće li itko doći? Zato što to onda ne bi bilo tako filmski. E, pa Nora, onda ti lijepo ovako filmski stoj sama pred gimnazijom kao idiot...

Nora je razgovarala sama sa sobom dok je gledala u mali rozi papirić na kojemu se jasno vidjelo da godinama pokušava preživjeti puno više nego što može. Na njemu je pisalo samo 10. 10. 2018. u 18 sati ispred gimnazije, a to je napisano na današnji dan, prije točno deset godina.

S obzirom na to da je sve to bila njezina ideja, točno se sjećala svakog detalja tog izlaska. Bio je to prvi izlazak nakon što su sve upisale fakultete i vratile se za vikend u Kutinu. Našle su se kao i inače kod kipa gole Maje, sjele na klupu i počele piti. Da, baš na klupi, kao prave dame. Samo njih pet i priče o onome što im je tada izgledalo kao najuzbudljivijih mjesec dana života. Svaka na svom kraju svijeta i svaka sa svojim odraslim životom koji su tako dugo čekale. S obzirom na to da su otišle na različite strane, Nora je odlučila da moraju imati nešto što će zauvijek ostati samo njihovo te ih je nagovorila da se za točno deset godina nađu kod škole. Nije Nora to rekla samo onako. Ne, ne. Ona je došla potpuno pripremljena. Svaka je dobila svoj papirić s točnim datumom, vremenom i mjestom susreta.

Inače bi se Nori u toj veseloj skupini od pet cura najmanje tri smijale zbog glupih fora koje vidi u najbezveznijim filmovima na svijetu i onda ih pokušava isfurati u stvarnom životu. Smijale bi se i činjenici da je ona stvarno donijela papire koje bi svi trebali na neku foru čuvati deset godina. I, naravno, smijale bi se činjenici da su ti papirići baš morali biti rozi. Bez obzira na sve to, znale su odmah da će pristati. Već su tada bile svjesne da postoje svakakve vrste obitelji, a one su tada bile baš jedna posebna vrsta.

Vođene uvjerenjem da ih alkohol čini gracioznijima i daleko spretnijima u plesanju nego inače, tu su se večer odlično zabavile. Bile su okružene najboljim društvom, a pjesme kao da su slagane prema njihovim željama. Cijelu su noć plesale, skakale i vrištale na svaku drugu pjesmu koju je DJ pustio. Izlazak je kao i inače završio pred pekarom. Tekući jogurt i burek u pet ujutro nakon izlaska, tada se činio kao najbolja kombinacija okusa koju je ljudski rod osmislio.

Pred jedinom pekarom koja je radila tako rano skupljali su se svi koji su upravo završili s izlaskom. Bilo je to okupljanje na kojem se dogovara prijevoz doma, jer sva ona energija koju imaš dok si u klubu kao da nestane nakon što nešto pojedeš – u trenu postaneš nesposoban napraviti dva koraka, pa čak i da živiš 9 minuta od pekare, pokušavaš se ubaciti u nekakav auto. To je trenutak u kojem postaje najvažnije skupiti svu koncentraciju svijeta i zvučati normalno za poziv tati koji će doći po tebe i odvesti te doma. Onih troje koje će ići s vama u autu sa strane iz sveg srca navijaju za tebe. Pekara je i mjesto gdje tek počinje priča o svemu što se dogodilo vani i gdje se dogovara neko optimistično buđenje za kavu drugi dan. Drugi dan nije toliko zabavan, ali zašto pamtiti baš taj dio? Nakon tog specifičnog izlaska bilo je važno samo to da su mali rozi papirići završili u pretincu novčanika s ostalim važnim dokumentima.

OK, ako nitko ne dođe do 18.15, idem doma.

Gledala je u školu. Stajala je pred ulazom i promatrala zgradu u kojoj je provela četiri nezaboravne godine. Drveće je naraslo i drastično je odavalo broj godina koje su prošle od trenutka kada su završile četvrti razred. Cvijeće i grmovi sada su izgledali onako kako je netko zamislio kada ih je sadio, a trava je okruživala cijelu školu. Sve se promijenilo, ali zgrada je ostala potpuno ista. Crvene cigle, stepenice i veliki bijeli stupovi na ulazu Nori su izgledali isto kao i prvog dana škole. Čak je i lijevi ulaz u zgradu bio isti. Ulaz za učenike, bliže svlačionici, u kojoj je najveća gužva bila kada bi došao autobus. Nora, koja je dolazila pješice jer je imala ravno sedam minuta do škole, uvijek je uspijevala doći baš u to vrijeme.

Promatrala je prozore i shvatila da još zna da su na gornjem katu bile kemija i biologija, a ispod engleski jezik i fizika. Sjećala se i klupe u sredini u kojoj je sjedila. Dovoljno daleko od ploče i dovoljno daleko od zadnjeg reda koji je uvijek za nešto bio kriv. Sjetila se i tjelesnog. Prva naznaka lijepog vremena značila je trčanje oko škole. Odnosno, u njezinu slučaju, šetnju, jer kao prvo, trčati je mogla ravno 20 metara, a kao drugo, znala je da je svi koji trenutno imaju sat gledaju kako trči jer je najzanimljivija stvar na svijetu bila, dok sjediš na predavanju, gledati one vani kako trčkaraju. Pogotovo kada su stariji razredi imali tjelesni. Sve su cure u nekom trenutku bile zaljubljene u dečka iz starijeg razreda. To je valjda bilo pravilo. Morao je biti super, stariji je već bio i morao je biti slobodan. Odnosno, morao je biti netko u koga nije bila zaljubljena niti jedna tvoja frendica. To je tada zapravo značilo *biti slobodan*. Ako ti je svemir bio posebno naklonjen, imala si engleski točno kada je on imao tjelesni i mogla si ga u miru promatrati cijeli sat. Nori se to dogodilo samo jedno polugodište i tada je imala najgore ocjene iz engleskog. Znala je da je svemu kriv Saša iz B razreda, ali brzo mu je to oprostila.

*

Dajana je svoj papirić pronašla dva mjeseca prije dogovora i u žurbi ga s hrpom drugih papira stavila u jednu od onih ladica u kojima držimo apsolutno sve. Mogao je ondje čekati još deset godina, da nije par dana prije dogovora tražila nešto baš u toj ladici. Našla je papirić, sjetila se tog izlaska i stavila ga na hladnjak. Razmišljala je o tome kolike su uopće šanse da se sve skupe. Male ili nikakve, mislila je, ali je shvatila da bi baš voljela da ta bedasta Norina ideja upali i da se vide nakon deset godina. Imala je opciju nazvati jednu od njih, ali to ne bi bilo fora, i znala je da to ni jedna neće učiniti. Odlučila je još razmisliti može li uopće uzeti slobodno tu srijedu i stvarno otići do Kutine.

Upravo je prešla cestu koja ide od kina prema gimnaziji i osjećala je neku nervozu. Nije znala zašto, ali bila je uzbuđena. Možda su se cure i skupile, ali tko zna kakve su sada. Ona se u ovih deset godina jako promijenila. Tko zna kakve su one. A što ako se ne skupe? Zapravo, nikom ništa, ali sada je već tu i baš bi ih voljela vidjeti.

Prošla je pokraj trgovine i približila se školi. Kod svjetiljke točno pred ulazom primijetila je ženu u uskim plavim trapericama, crnim kožnim čizmama s ravnom petom, u crnom laganom kaputu do koljena, s tamnoplavom vunenom kapom i najšarenijom torbom na svijetu. Plava, blago kovrčava kosa do ramena izvirivala je ispod kape koja sigurno nije služila za zaštitu od hladnoće jer je izgledala kao ukras, a ruke je držala u džepovima kaputa. Gledala je u školu naslonjena na svjetiljku.

– Nora?

*

– Ne vjerujem da imam već deset godina mature! Ideš li ti na svoju godišnjicu – pitala je Sofiju kolegica s posla.

– Nemamo mi to. Mislim, nije se nitko javio ni za pet godina mature, pa mislim da nam velika proslava ni za deset godina nije suđena – objasnila joj je u prolazu i vratila se poslu, ali joj se to pitanje cijeli dan motalo po glavi. Razmišljala je gdje bi mogli biti ljudi iz razreda i četiri osobe koje ju zapravo najviše zanimaju. Bilo joj je žao što su izgubile kontakt, ali kada pogleda što se sve njoj dogodilo u posljednjih deset godina, bilo joj je jasno da je kontakte teško održati.

Na početku se nisu dale, pokušavale su, ali se s vremenom previše toga počelo događati. Valjda se u međuvremenu dogodio život, a sve je ostalo stavljeno na stranu.

Već dugo nisu bile djeca, razmišljala je Sofija, a onda se sjetila nečega baš dječjeg. Papirića. Za vrijeme pauze pretražila je cijeli novčanik, ali nije ga našla. Ionako nije očekivala da će ga stvarno čuvati deset godina, ali ju je živciralo što se ne može sjetiti da ga je bacila. Tek se navečer, kod kuće, dok je gledala neku glupu seriju, sjetila da ga je spremila s fotografijama. Ustala je iz kreveta i iz novčanika izvadila jedan od onih omota koje dobiješ kada se fotografiraš za dokumente. U njemu je držala svoje fotografije za dokumente i hrpu takvih fotografija drugih ljudi. Nije joj zapravo bilo jasno zašto se to dijeli, jer, kao, dobio si viška tih sličica pa se sad mijenjaš s ljudima. Dosta čudno, ali OK.

Pronašla je papirić i odlučila da je to znak da mora ići. Palo joj je na pamet da nazove Noru i pita je ide li ona, ali je znala da bi Noru to valjda više povrijedilo nego da se nitko ne pojavi. Ide u Kutinu, a ako nitko ne dođe, posjetit će svoje doma. Ionako već neko vrijeme nije.

Skrenula je u ulicu prema gimnaziji, i prolazeći pokraj škole, vidjela dvije osobe koje su se okrenule za automobilom. U tom je trenutku osjetila nevjerojatno uzbuđenje koje ju je iznenadilo i nasmijalo. Parkirala je kod škole i krenula prema curama. Odmah je prepoznala Dajanu po bijelim tenisicama, moderno poderanim trapericama, običnoj širokoj bijeloj majici i kožnoj jakni. Duga, ravna, smeđa kosa poskočila je zajedno s njom kada je shvatila da im se približava. Dajana je pokazala Nori da Sofija dolazi, obje su krenule prema njoj i zagrlile ju u isto vrijeme.

– Skupljamo se, ha?

*

Nevjerojatno je kako iz jednog relativno malog novčanika može ispasti 1376 papirića, kartica, fotografija, smeća i svega ostalog što se nakupi s vremenom. Isto je tako baš nevjerojatno kako se to dogodi kada u kući svi spavaju i kada bi ih ovakvo nešto moglo probuditi.

Veronika je osluškivala tišinu u kući i nakon nekoliko minuta shvatila da njezina nespretnost nikoga nije probudila. Budući da joj se nije spavalo, tražila je što bi mogla raditi. Sjela je na pod i počela prebirati po svemu što je ispalo iz novčanika.

Da. To je to što trebam raditi u 4 ujutro.

Sjela je na pod i počela. Na jednu je hrpu stavila smeće. Male komadiće papira i račune za koje si je sto puta rekla da ih neće bez veze gurati u novčanik. Evo, na toj hrpi sad već ima 17 papirića koji jasno potvrđuju da se takve odluke očito ne može držati. Pregledala je dokumente koji joj svakako trebaju i pronašla mali rozi papirić. Isprva joj uopće nije palo na pamet što je to, ali onda se sjetila. Pogledala je papirić s kojeg se, iako je bio u kasnoj fazi raspada, još dalo iščitati 10. 10. 2018. u 18 sati. *Pa to je za dva tjedna.*

Počela je razmišljati može li ići. Glavom su joj prolazila sjećanja na nekoliko situacija s curama i Norina uzbuđenost na izlasku kada im je iznijela svoju briljantnu ideju. Sjetila se osjećaja sigurnosti koji je uvijek imala u toj grupi. Da joj je netko tada rekao da će izgubiti kontakt s curama, rekla bi da se sigurno šali. Točno je znala da u to vrijeme takvo nešto ne bi mogla ni zamisliti. Bilo bi joj drago vidjeti cure opet, jer koliko god da je prošlo, one su bile njezino djetinjstvo. Sve te priče i osjećaje koje doživiš prvi put i samo jedanput u životu prošla je s njima.

Valjda se neće sve raspasti ako ja na jedan dan odem u Kutinu…

Već je tada znala da će otići, ali morala je još dosta toga srediti. Zapravo, za odluku o odlasku bila je presudna Norina faca. Točno je mogla zamisliti razočaranje na Norinu licu ako nitko ne dođe ili, još gore, da dođu sve cure osim jedne. A opet, s druge strane, možda se Nora toliko promijenila da joj to više nije važno. Možda čak ona bude ta koja ne dođe. *Ma da, sigurno.* Pomislila je sarkastično, zamišljajući

Noru kako prva dolazi pred školu i u panici čeka da vidi tko će doći.

Do škole se odlučila prošetati. Od Doma zdravlja počela se spuštati prema gimnaziji. Bilo je nekih novosti, ali doživljaj grada bio je isti. Primijetila je kako je pred Domom zdravlja bilo napravljeno novo igralište za djecu, i onako okruženo visokim drvećem, izgledalo je baš lijepo. Sada se već dovoljno približila gimnaziji i mogla je jasno vidjeti tri cure kako stoje pred školom. U trenu je postala nervozna kao malo dijete koje su mama i tata napokon pustili da ide s prijateljicama u grad. Iako je nije vidjela godinama, prvo je prepoznala Sofiju. Točno bi tako rekla da će izgledati. U crnoj suknji visokog struka, bijeloj košulji s dugačkom, bijelom, tankom maramom, izgledala je kao uspješna poslovna žena. Na nogama je imala crvene cipele na petu, na sebi crni kaput, a na ruci torbu tamnocrvene boje. Lepršava kosa izgledala je kao da upravo dolazi od frizera, ali ono što se nije promijenilo bio je osmijeh. Uz nju je primijetila Noru i Dajanu i prišuljala im se s leđa dok su razgovarale o onom jednom satu iz biologije kada je profesor bio uvjeren da ga žena preko puta škole stalno gleda kroz prozor.

– Cure, imate šuplji sat ili markirate?

*

– Hoću ovaj.

– Ema, uzmi koji hoćeš, baš me briga, ali samo ću reći da ti u taj ne stanu sve gluposti koje nosiš u novčaniku.

– Ali gle kako je lijep. Evo, budem izbacila sve što ne trebam i neću više skupljati gluposti. Ovaj novčanik to zaslužuje. Zbog njega sam se spremna promijeniti.

Siniša je samo odmahnuo glavom, a Ema je krenula prema blagajni sa svojim novim novčanikom.

– Idemo na kavu?

– Naravno da ne. Moram ići doma složiti svoj novi, prekrasni novčanik – rekla je, nasmijala se i pozdravila Sinišu koji se ionako morao vratiti na posao, ali je uvijek pokušao produljiti pauzu za samo još jednu kavu.

Ema je došla doma, uključila TV i pripremila si porciju lazanja koju je napravila jučer. Nakon što je sve obavila po stanu, sjela je u dnevnu sobu i bacila se na premještanje stvari u svoj novi novčanik. Pritom je naletjela na mali rozi papirić.

Već ga je nekoliko puta imala u ruci, znala je gdje je i ovih ga je deset godina samo premještala. Sada kada je datum bio tako blizu, bilo je malo drugačije. Dugo nije bila u Kutini, imala je puno posla u posljednje vrijeme, a mama i tata često su dolazili k njoj pa nije zapravo imala razloga ići doma. Ali sada bi baš otišla. Ustala je i krenula po mobitel. Nazvat će Dajanu da vidi ide li ona.

Ma neću ja biti jedina koja će nazvati, odlučila je i spustila mobitel. Vratila se poslu i na kraju je sve stvari iz starog novčanika samo nagurala u novi. *Kao što sam i mislila, ništa od ovog nije glupost i sve mi treba u novčaniku. Onaj Siniša nema pojma.*

U Kutinu je došla vlakom, kako bi putem mogla napraviti još neke stvari na laptopu. Kolodvor ju je podsjetio na odlaske na faks. Uvijek bi u nedjelju bila gužva pa je bila potrebna posebna taktika zauzimanja slobodnog mjesta. Krenula je prema školi i osjetila nervozu. Šetala je Kolodvorskom ulicom, skrenula lijevo i prošla kraj kipa gole Maje. Sjetila se kako je Nora pametovala o tom kipu na jednom izlasku. Osjećala je da je baš to bio pravi trenutak da im objasni kako je kip izradio Ivan Sabolić, da se skulptura zapravo zove „*Ležeća figura*“ i da je u Kutini od 1978. godine. Objasnila je i da je kip nekoliko puta bio vandaliziran, ali da sada već predstavlja važan simbol grada. Dotle je stigla prije nego što je ljubazno zamoljena da zašuti o tome u petak navečer.

Ema je razmišljala o tome hoće li itko doći. U jedno je bila sigurna – ako nitko ne dođe, nikada neće priznati da je bila pred školom. Prošla je pokraj kina i počela se spuštati prema školi. Iako se okolina malo promijenila, činilo joj se da je sve potpuno isto. Nikada nije mislila da možeš voljeti neki grad, a pogotovo da ona može imati osjećaj za grad. Ali ovaj je baš voljela.

Kada je prošla posljednji zavoj, nije mogla vjerovati. Sve četiri već su bile tamo. Primijetila je Veroniku koja je nešto objašnjavala curama. Stil je bio neupitno njezin. Smeđa, ravna kosa, malo ispod ramena, i upečatljive smeđe oči, koje su se posebno sjajile kada bi pričala o nečemu zabavnom. Imala je bijele „starke", traperice i smeđi remen, crvenu majicu dugih rukava i crnu kratku, kožnu jaknu. Pomislila je da je netko možda poveo nekoga sa sobom, ali kada im se približila, brzo je shvatila da su sve tu.

– Daj, ne laži da smo sve došle!

– Pa ja, evo, isto malo ne vjerujem – rekla je Sofija i uključila se u pozdravljanje Eme.

– Ma, ja sam znala da ćemo sve doći – rekla je Nora, nasmijala se i pokazala prema jako dobro poznatom kafiću preko puta škole.

– Noa?

– Normalno.

Sjele su za stol u kutu do prozora koji je gledao prema školi. Izvana je kafić izgledao isto kao i prije deset godina. Unutra je sve ostalo isto, osim što su na zidu bile izložene boce i limenke različitih vrsta i okusa piva. Uvijek prigušeno svjetlo i dalje je davalo posebnu atmosferu kafiću u kojem su provodile svaki šuplji sat.

U kafiću nije bilo nikoga pa je konobar odmah došao do njih. Sve su naručile pivo, osim Nore. Ona će čaj.

– Jesi zapamtio? To bi bilo pet pivi – rekla je Dajana i pogledala u Noru kao da je naručila otrov, a ne čaj. Konobar je još jednom pogledao u Noru, koja je samo uzdahnula u znak predaje. Bilo joj je i više nego jasno da nema izbora.

Veronika se nije mogla prestati čuditi visini drveća. To je bio opipljiv znak prolaska vremena i nikako nije mogla shvatiti da je stvarno toliko prošlo.

– Čuj, Veronika, dosta sad s tim drvećem. Kužimo, naraslo je.

– Ok, ok, samo mi je nevjerojatno. Mislim, pogledaj ono kraj svjetiljke. Ono, vidiš ga, Ema, to je bilo tek zasađeno kad smo mi završili.

– Aha, vidim, da. Tko je za to da Veronika više ne smije spomenuti drveće ili bor do kraja ove cuge?

Sve su podigle ruke i pogledale u Veroniku.

Tada se dogodilo ono što se dogodi svim pravim prijateljstvima. U toj sekundi nestalo je deset godina razdvojenosti, pet gradova, različiti poslovi i potpuno drugačiji životi. Za stolom je sjedilo pet cura koje su imale osjećaj kao da su jučer završile srednju školu.

2

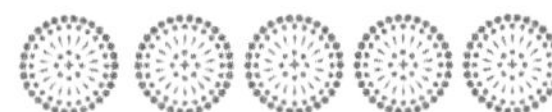

— Jedva čekam čuti što ima novoga. Nora, kreni — rekla je Dajana kada su naručena piva stigla na stol.

— Zašto ja prva?

— Zato što je sve ovo bila tvoja ideja i mislim da je bila jedna od boljih — odgovorila je Ema i podigla čašu kako bi nazdravile. Kucnule su se sve u isti tren i otpile gutljaj hladnog osvježavajućeg piva.

— Aha, to je znači nagrada? — pitala je Nora i nasmijala se. Bila je uvjerena da će godine razdvojenosti imati puno više utjecaja, ali neke se stvari nikada neće promijeniti. Možda tada nisu ni shvaćale što ih i na koji način povezuje i koliko ljudi žude imati takve veze za cijeli život. Promatrala ih je, još ne vjerujući da nakon deset godina zajedno sjede za stolom.

Svaka od tih pet žena imala je svoju osobnost, svoj način razmišljanja, svoje navike, izazove, ciljeve i mogućnosti. Dajana je bila i ostala pokretač, nikada nije dopuštala da upadnu u rutinu i uvijek bi uspijevala aktivirati cijelu ekipu. Ema je bila onaj optimist kojeg svako društvo treba imati, ona koja je u minuti, u svakoj situaciji, mogla pronaći nešto pozitivno. Sofija je opčinjavala svojom usmjerenošću i ulijevala je takvo povjerenje, da je bio izazov nešto joj prešutjeti, a Veronika je imala zarazan osmijeh koji bi bio jednako iskren u svakoj situaciji, bila ona zabavna ili tužna. Možda nije znala što im se u ovih deset godina dogodilo, ali sam pogled na njihova lica Nori je govorio da su važne stvari ostale iste. Te stvari koje ih zapravo određuju kao osobe sigurno su i bile razlog što su se sve pojavile zbog običnog dogovora na jednom izlasku.

– Pa, odakle da počnem? I molim vas da ni jedna ne kaže od početka.

– Od Osijeka, onda. Upisala si faks, sve one velike stvari koje su se dogodile znam zahvaljujući Facebooku. Zanima me sve ono između – ubacila se Ema.

– Da, za faks znate. To mi je, kao i svakoj od vas, bilo novo, i uzbudljivo, i naporno, ali je bilo baš ono što sam htjela. Uživala sam na Učiteljskom i da ponovo biram, opet bih to upisala, a to je valjda dobar znak. Na faksu sam upoznala Moniku i ona mi je zapravo jako brzo u Osijeku postala ono što ste mi vi bile ovdje. Cijela priča o mom Osijeku zapravo onda počinje s Viktorom.

– Viktor? Ajme, pa tako se zvao onaj mali iz prvog razreda koji je cijelo naše zadnje polugodište trčao za Emom. Sjećate ga se? – rekla je Veronika i sve su se odjednom počele smijati. Ema se uhvatila za glavu i okrenula očima. Potpuno je zaboravila na tog dečka koji joj nije dao ni minutu mira.

– Nije valjda on? – okrenula se prema Nori.

– Da, Ema, on je. Tri je godine mlađi od nas, ali završio je u Osijeku na prvoj godini faksa isto kad i ja.

– Ok, nije on. Samo provjeravam. Nastavi.

– Bilo je to ljeto na kraju treće godine faksa. Monika i ja smo odlučile otići na Kopiku. To su bazeni skroz blizu Drave i super su, pogotovo kada se temperature podignu na 7000 stupnjeva. Imale smo ondje svoje mjesto koje je bilo slobodno i "naše" ravno dva puta od nekih 15 odlazaka, ali nema veze. Bilo je savršeno. U hladu, ali blizu dijela na kojem se možeš sunčati, blizu bazena i blizu igrališta na kojem su dečki obično napucavali loptu. Taj dan nije bila baš posebna gužva i Monika je čak uspjela ugrabiti mjesto pod onom gljivom ispod koje staneš pa te voda masira, a ja sam većinom ležala na travi i čitala knjigu. Taman sam odlučila otići malo u vodu, kad je do mene došla lopta. Skužila sam neka tri dečka koja su me gledala i krenula im nogom nabiti loptu.

— Bojim se da mogu pretpostaviti koliko je daleko otišla ta lopta — ubacila se Dajana.

— Samo par centimetra, naravno. Uspjela sam toliko promašiti, da sam izgubila ravnotežu i prosula se po podu koliko sam duga i široka. Došlo mi je da samo ostanem ležati od sramote. Ono, kao, pravi se mrtva jer nisi samo pala kao idiot nego si imala i publiku. Monika je to vidjela iz bazena i, evo, dandanas se čudi kako se nije utopila od smijeha.

— Nadam se da je tu negdje nastupio Viktor? — pitala je Ema.

— Da, nagnuo se nad mene, primio me za ruku da ustanem i pitao jesam li dobro. Vratio je loptu frendovima i okrenuo se prema meni. Tek sam tada vidjela koliko je prekrasan. Plave oči, s malim borama, onima koje dobiješ u kutu kada se puno smiješ. Visoko čelo i kratka kovrčava, smeđa kosa koja je od kupanja bila još malo mokra. Pravilan nos i prekrasan bijeli osmijeh, onako više na jednu stranu. Imao je onu trodnevnu bradicu i super tijelo. Vidjelo se da vježba, ali nije imao one teretana mišiće, nego lijepa široka ramena i pločice na trbuhu. Iz vedra neba, samo se okrenuo i pitao me može li dobiti moj broj.

— Nakon tog pada te to pitao?

– Da, to mu je super poslužilo kao ulet.

*

– Stvarno? Ova predstava te navela da tražiš moj broj?

– Definitivno. Odlučio sam biti nogometni menadžer pa bih uvijek trebao biti u potrazi za novim talentima.

Nora se nasmijala na foru koja je bila sve samo ne smiješna i da Viktor nije izgledao kako je izgledao, već bi tada i ona bila svjesna da postoje i bolji uleti.

– Moram razmisliti jesam li spremna na potpisivanje ugovora.

– Ok, ako ne mogu dobiti broj, hoćete li barem ti i frendica s nama popiti piće?

Monika je upravo došla do ručnika, i dalje umirući od smijeha. Rekla je u svoje i Norino ime da će ići s njima na cugu. Nakon nekoliko nogometnih fora na Norin račun, koje nije shvatila, a navodno su bile smiješne, atmosfera je postala super. Počeli su naručivati pića, a Nora je cijelo vrijeme zapravo razgovarala s Viktorom. Svidio joj se njegov način razmišljanja. Imao je stav o svemu, ali nije ga se držao kao da ne postoji šansa da griješi. Djelovao je smireno i zagonetno i privlačno i sve ono što treba biti dečko koji ti se upravo svidio do te mjere da ti je jasno da ispadaš glupa svakom drugom riječju koju izgovoriš, ali ne možeš si pomoći.

Cuganje u kafiću uskoro se pretvorilo u izlazak. Otišli su u klub u kojem je bila gužva kao da je pola grada tamo. Uspjeli su nekim čudom pronaći stol koji su Monika i Nora odmah zauzele dok su dečki otišli po piće. Kada je zvučnik odmah do stola počeo doslovno poskakivati od jačine zvuka, postalo im je jasno zašto je stol bio slobodan. Klub je bio tako pun da se nije moglo prolaziti. Mogao si samo plesati, i to u ritmu u kojem svi idu. Dobra je stvar što nisi mogao pasti ni da želiš, a druga dobra stvar je bila to što je Nora bila odmah do Viktora za vrijeme cijelog tog plesanja. Osjetila je njegov parfem koji se pomiješao s mirisom klora od bazena, ali ju je, kao i sve u vezi s Viktorom, potpuno obuzeo u tom trenutku. U trenutku kada je krenuo prema njoj kao da će poljubiti, pogledala je u Moniku i vidjela da situacija nije baš najbolja. Inače uvijek uređena smeđa ravna kosa padala joj je preko lica i Monika je izgledala kao da se bori s njom. Lagana tamnoljubičasta košulja koju je nosila bila je zalivena po desnom rukavu, a zelene oči nisi mogao vidjeti jer su bile poluzatvorene.

Nora je otišla do nje i počela je spremati za odlazak doma. Viktor je pitao treba li ih odvesti, ali je Nora rekla da ne treba. Još ju je jednom pitao za broj na koji je može dobiti. Pogledala ga je i tražila da joj da svoj mobitel.

*

Monika se probudila oko 12 sati. Izašla je iz sobe u širokoj kratkoj majici u kojoj je spavala, razmazane maskare i potpuno raščupane kose, tako da se činilo da nikada više neće izgledati normalno. Pogledala se u ogledalo u hodniku i napravila facu kao da je vidjela čudovište. Oblik njezina lica bio je stvoren za osmijeh. Imala je lijepe bijele zube, rumene obraze i malene oči koje bi se sklopile svaki put kada bi se smijala. Sve crte na tom licu izgledale su kao da su nastale smijanjem, a tako je vjerojatno i bilo. Nije se pretjerano šminkala i uređivala, a jedini nakit koji je priznavala bile su tri narukvice koje je nosila – trakice izrađene od kože s privjeskom u sredini i obična dječja ručno pletena narukvica, koja joj se malo opustila i podigla do lakta, pa je uhvatila panika da ju je izgubila. Taj tren je počela sa zakletvama kako nikada, ali nikada više neće okusiti alkohol. Onda je prešla na Noru i počela joj prigovarati kako je mogla dopustiti da toliko pije. Zaključila je da to prave frendice ne rade. Naravno. I onda se sjetila.

– Pa joj, da! Dopustila si mi jer si zapravo cijelu večer razgovarala s Viktorom. Sve me zanima, da čujem.

– Joj, ne znam, Monika.

– Daj, ne izmišljaj. Kako misliš, ne znaš?

– Super je. Ne znam. Nije mi se nikada dogodilo da s nekim na prvu toliko razgovaram. Baš mi je bio zabavan, zanimljiv i smiješan. I to što je zgodan isto nije štetilo.

– Zgodan je, to priznam. Zanimljiv, ne znam, jer nismo razgovarali, ali, Nora, moram ti reći da smiješan baš i nije bio – provocirala ju je jer je odmah shvatila da joj se jako svidio. A kada to shvatiš, onda imaš ekskluzivno pravo provocirati.

– Baš me zanima što nije u redu s njim…

– Molim?

– Pa, nema curu. Nije ti to čudno?

– Nije mi čudno. Nemam ni ja dečka, a najnormalnija sam osoba na svijetu. Ikad.

– Monika, jučer si zaštitaru objašnjavala razliku između plave i mornarskoplave boje.

– Ali nisam sigurna da ja uopće znam tu razliku.

– Točno. Ne znaš.

– Pa, dobro, svejedno. Nadam se da si mu dala broj.

– Jesam, ali nije se još javio. Vjerojatno i neće, ali dobro, nema veze. Svejedno mi je bilo zabavno.

– Obožavam taj 'svejedno'. Valjda najveća laž koja postoji. Dobro, dajemo mu pravo da se javi danas do kraja dana. Onda ga više ne volimo.

– Dogovoreno.

Počele su gledati film na TV-u i Monika je zaspala za deset minuta. Kada su počele reklame, Nora je već refleksno uzela mobitel. Upravo ga je otključala kada je počeo zvoniti. Nepoznat broj. Udarila je

Moniku, koja je skočila u polusnu sva zbunjena.

– Monika, Monika, Monika! Mislim da je on, što da radim???

– Ha? Čekaj, čekaj? Tko? Molim? – pokušavala je shvatiti što se događa i kroz poluotvoreno oko vidjela mobitel koji joj je Nora držala pred facom.

– Ajme, budale blesave. Pa javi se! – rekla je sarkastično s obzirom na to da je to bila jedina stvar koju može učiniti osim ne javiti se, a to bi bilo glupo.

Nora se još malo pokušavala pribrati pa se javila. Bio je on. Rekao joj je da se nada da se naspavala i da je Monika bolje. Pitao ju je odgovara li joj da sutra dođe po nju. Tako ju je pitao. Kao, nije mu bilo upitno da idu, samo ga je zanimalo kada. Nora je rekla da joj odgovara i dogovorili su se da je pokupi oko dva popodne. I to je bilo to.

– Pitao je za mene? Ili dečko zna igru ili je zbilja drag – mudro je zaključila Monika.

Nora je ostavila Moniku na miru u njezinu mamurluku i otišla obaviti sve što je imala za faks kako bi sutra imala potpuno slobodan dan. Tako je barem planirala, ali su joj misli bile s Viktorom. Bila je uzbuđena i jedva je čekala da dođe sutra. Sjetila se tog osjećaja kada si dijete. Onoga da jedva čekaš da bude noć i da ideš spavati i onda se probudiš i onda se događa to nešto najbolje na svijetu. Drugi je dan već u devet ujutro bila kraj Monikina kreveta i pokušala je probuditi.

– Monika, daj, ajde. Skuhala sam kavu, izvoli ustati i pomoći mi da se obučem. Nemam apsolutno ništa i trebam nazvati Viktora i javiti mu da ne mogu ići nikamo jer nemam odjeće. Nikakve.

– Kao prvo, devet je ujutro, Nora, idete u dva. U dva! To je za, ono, ne znam, puno sati. A kao drugo, takvim izjavama da si stalno gola stvorit ćeš prilično pogrešnu sliku o sebi.

Sljedeća dva sata prošla su u kombiniranju svakog komada odjeće u tom stanu, kako bi Nora izgledala točno kako treba za prvi spoj.

Moralo je biti lijepo, ali i udobno jer se uz stres spoja ne može nositi i s time da mora paziti kako sjedi i kako ustaje i slično. Problem je bio i što nije znala kamo idu. Nakon zasjedanja modnog suda, odjeće po dnevnoj sobi, hodniku, kuhinji, kupaonici i spavaćoj sobi i svih kombinacija koje su prošle, odlučila se za uske tamne traperice, tenisice i šarenu košulju. To je bila ujedno i prva kombinacija od koje su krenule prije nekoliko sati.

Viktor nije kasnio. Čekao ju je ispred zgrade naslonjen na auto. Nosio je tenisice, traperice i tamnocrvenu majicu kratkih rukava. Prvo što je Nora primijetila bio je osmijeh. Male bore oko očiju stvorile su se u trenu kada ju je vidio i od toga joj je odmah bilo lakše. Samo je trebala reći bok na normalan način i to je bilo to. Sve ostalo će biti uredu.

– Bok.

– Pa bok, Nora. Super izgledaš, taman za ono gdje idemo.

– A to bi bilo…

– Iznenađenje.

I evo ga opet. Opet taj osmijeh očima. Dok je sjedala u automobil, skužila je da će je taj osmijeh očima puno koštati. Iako je oduvijek bila nepopravljiva romantičarka, nikada zapravo nije vjerovala da se to događa u stvarnom životu. Bilo joj je zabavno vjerovati da bi se moglo dogoditi, ali znala je da to nije moguće. I dalje je to mislila, ali sad je tu bio taj neki dečko koji joj se svidio više nego što je normalno. U glavi su se počela vrtjeti sva ona klasična pitanja i ženske teorije. Ok, sviđa ti se i sad se malo primiri. Postoji velika šansa da se ti njemu ne sviđaš u toj mjeri pa bolje malo smiri glavu. Postoji isto velika šansa da je zapravo idiot ili psihopat jer si ga tek prekjučer upoznala, pa ne možeš znati kakav je.

Vozili su se nekih deset minuta. Za to vrijeme Viktor ju je ispitivao kako je provela dan. Razgovarali su o izlasku i svemu što se dogodilo nakon što su njih dvije otišle. Rekao joj je da su propustile najbolje pijane hamburgere koje se nitko ne usudi jesti kada je trijezan, ali da osim toga ništa više nije bilo vrijedno spomena. Objasnila mu je da možda ne zna puno o Osijeku, ali zna za trovača. Bila je to tradicija osječkog izlaska koji je svaki student morao završiti ondje. Izašli su iz automobila i Nora je skužila da su kod gradskog stadiona.

– Zabrinuo sam se za tebe i za svoju plaću ako ti postanem menadžer pa sam mislio da bismo trebali malo poraditi na tvojim slobodnim udarcima – rekao je i iz prtljažnika joj dobacio nogometnu loptu. Nasmijala se i samo krenula s njime prema ulazu. Usprkos svim romantičnim filmovima koje je godinama istraživala, uspio ju je iznenaditi.

Ušli su na stadion i on je ruksak koji je imao spustio na travu. Primio ju je za ruku i doveo do gola. Spustio je loptu na pod i počeo glumiti golmana.

– Znači, prva lekcija. Nemoj stati na loptu. Puno dalje ode ako je udariš.

– Ti si neki jako smiješan dečko, ha?

Namjestila se i nekim čudom uspjela udariti loptu koja je otišla sve do gola. Nije zabila, ali i to je za nju bilo dovoljno dobro. Neko su vrijeme napucavali loptu po golu i Nora se odlično zabavljala. Uživala je u smijanju i igranju nečega što je njoj izgledalo kao nogomet, ali svakoj bi normalnoj osobi izgledalo kao da se djeca igraju. Nora je legla na travu i zatvorila oči dok je Viktor išao na drugu stranu terena po loptu. Uskoro je legao pokraj nje. Osjećala je travu pod leđima, sunce na licu i miris Viktorova parfema. Gledala je u oblake i polako dobivala onaj osjećaj vrtoglavice koji imaš kada se oblaci počnu brže kretati. Promatrala je stadion i razmišljala o tome zašto on uopće smije samo tako ovamo ušetati. Stolice su bile plave, a bijele su služile za pisanje po tribinama. Na jednoj je strani pisalo NK Osijek, a na drugoj Grad na Dravi. Cijeli je teren bio okružen stazom za trčanje, a veličina stadiona ostavljala je bez daha. Sigurno je nevjerojatan osjećaj igrati pred tolikim ljudima ili zabiti gol. Sigurno je isto tako nevjerojatno promašiti gol pred tolikim ljudima. Zaključila je da nikada ne bi mogla biti sportaš.

— To je to? Pobijedio sam?

— Ni slučajno. Poluvrijeme je. Znaš li ti uopće pravila nogometa?

— Ne, očito.

— Nema veze, zato smo tu.

Nasmijao joj se i otišao po ruksak, a ona je sjela i gledala za njim. Imao je onaj sportski način trčanja. Nije ni sama znala što to točno znači, ali izgledao je dobro. Bila mu je zahvalna što je učinio da se osjeća opušteno. U tom trenu shvatila je da je prestala razmišljati. Kada ste žena kojoj u minuti kroz glavu prođe sto ideja, pitanja i situacija koje treba uzeti u obzir, mogućnost nerazmišljanja najbolja je stvar koja se može dogoditi.

— Pripremio sam nam luksuzan ručak koji ćeš pamtiti cijeli život — stao je ispred nje kao voditelj vremenske prognoze i počeo vaditi stvari iz ruksaka.

— Počinjemo s crnim vinom, berba 1934. Poznata i kao godina kada je grožđe najbolje rodilo. Kušajte, molim vas.

— Aha, super aroma. Zanimljivo koliko crno vino može podsjećati na jedan običan sok od višnje.

— Da, to je baš interesantno. Nastavljamo s predjelom. Krekeri pečeni na slaboj vatri kako bi zadržali sve hranjive sastojke. Pekli su se tako 3 dana i 3 noći, a poslije su hlađeni na mjesečini.

— VIC krekeri. Zakon! — razveselila se Nora i uzela pakiranje Viktoru iz ruke.

— A sada glavno jelo. Po naglasku zaključujemo kako mlada dama nije iz Slavonije, pa smo joj odlučili predstaviti najbolje od naše kuhinje — kulenovu seku.

Izvadio je iz ruksaka dva sendviča i jedan pružio Nori. Sjeo je pokraj nje i počeo jesti. Razgovarali su o njezinu faksu, o tome što je zanima u obrazovanju djece i o tome kako se navikava na Osijek. On je govorio o svojim roditeljima i radu s njima. Upoznavali su se kroz informacije koje bi svatko smatrao osnovnima, čak i banalnima, ali kada ih priča netko tko vam se sviđa, imaju veću vrijednost. Osjećala se odlično, opušteno i sretno. Proveli su tri i pol sata na stadionu a da Nora nijednom nije imala dojam da je prošlo toliko vremena.

Polako su pospremili stvari u njegov ruksak i krenuli prema automobilu. Izašao je iz auta pred njezinom zgradom kako bi je pozdravio i pitao želi li ponoviti ovakvo druženje. Naravno, rekla je da. Jedno popodne bilo joj je dovoljno da zaključi kako nije idiot ni psihopat, a činilo joj se da je i ona njega nasmijala pa mu se valjda i sviđa. Približio joj se, stavio obje ruke na lice i poljubio je prije nego što se uopće snašla. S obzirom na to koliko je bila nervozna, to mu je bio najbolji mogući potez. Osjetila je kako se trese u njegovim rukama. Nikada prije nije iskusila taj osjećaj i bio je prekrasan. Pozdravili su se i ona je ušla u zgradu s najvećim osmijehom na svijetu.

Razmišljala je o osjećaju koji je uspio stvoriti. Bilo joj je prekrasno što je učinio nešto tako romantično kao što je taj stadion. Oduševio ju je svime što je učinio, rekao i načinom na koji se ponašao. Osjećala se kao da je stvarno u jednom od svojih romantičnih filmova i nije ju bilo briga što netko ima reći na to. Taj osjećaj zbilja postoji i sada ga je upoznala i ona.

Kada je čula vrata, Monika je skočila na hodnik iz kupaonice. Pogledala ju je naslonjena na vrata s osmijehom na licu koji nije čak mogla maknuti sve i da je željela. Da joj je u tom trenutku netko rekao najgoru vijest na svijetu, ona bi se i dalje vjerojatno samo glupavo smješkala.

– Gotova si, ha?

– Bojim se da da.

3

Nora je ležala u krevetu i nije joj se dalo otvoriti oči. Mrzila je četvrtke. Niti jedan dan u tjednu ne može biti grozan kao jedan četvrtak. Tjedan traje dovoljno dugo da već pada s nogu od umora, a vikend je i dalje daleko. Sasvim slučajno, uz tu činjenicu važno je dodati i to da joj se četvrtkom pretežno događaju glupe i nevjerojatne stvari. Tako, recimo, danas mora ići u knjižnicu i moliti da joj knjigu koja joj treba za pisanje diplomskog, izdaju za van, a zna da baš danas radi ona nabrušena crvenokosa baba koja svojim zmajskim moćima uništava sve studente koji pokušaju nogom stupiti na sveto tlo knjižnice. Čovjek uopće ne bi pomislio da je njezin posao izdavanje tih istih knjiga.

Osjetila je miris kave i nasmijala se. Monika se očito probudila prije nje. Pogledala je na sat i vidjela da je tek 6 i 30, što je značilo da ima još nekoliko sati do predavanja. Sjela je na krevet i duboko udahnula šireći usne u osmijeh. Sjetila se da je Viktor svakog četvrtka vodi na gomilu kolača i sladoleda, da joj popravi dan koji ona tako nepravedno optužuje kao najgori. On kaže da svi znaju da nema goreg od ponedjeljka. Ponekad je stvarno budalast… Brzo je navukla papuče i odjurila u kuhinju.

– Dobro jutro, neću ni pitati kako si, znam koji je dan – Monika ju je već čekala s njezinom crvenom šalicom kave od tri decilitra.

– Ah... ti si jednostavno melem za oči u ovakvim danima – nasmijala se i obuhvatila šalicu objema rukama.

– Ti piješ previše kave, pod broj jedan. Nitko nema tako veliku šalicu kao ti. A pod broj dva, više ti uopće ne vjerujem da ne voliš četvrtke. Otkad si s Viktorom, mislim da ih jedva čekaš jer te on tretira kao kraljevnu, manipulatorice. Štoviše, mislim da je to sve bio jedan loš trik koji sam ja ipak, eto, prozrela.

– Naravno, jer tvojoj mudrosti nema kraja – Nora joj je pokazala jezik kao malo dijete.

– Kako god, kava je potrebna svakom biću koje drži do sebe, hvala. I još bih da porazgovaramo o nečem vrlo važnom.

– Da? – Monika ju je sumnjičavo odmjerila dok je otpijala poveći gutljaj mirisne tekućine.

– Pregovarala bih o tvojoj žutoj haljini – tu je već digla desnu ruku u zrak da utiša prijateljicu.

– Prije nego što se usprotiviš, slušaj argumente. Dakle, shvati to kao ulog u to da budeš na miru ostatak popodneva koji bi inače provela mahnitajući u potrazi za odjećom za mene, kao što to obično bude. Drugo, ja moram biti lijepa za dečka, ti za svog mačka na kauču ne moraš. Treće, meni stvarno prekrasno stoji ta haljina, što ne znači da tebi ne... I da, zadnje, danas je četvrtak, a ja stvarno ne volim četvrtke i treba me oraspoložiti – treptala je dramatično naglašavajući svoju tužnu facu.

– Nisam ti ja Viktor da me možeš vozati tim svojim tužnim psićlicem. I tko kaže da ne trebam biti lijepa za mačka? Kad on ujutro vidi kako si raščupana i u poderanoj pidžami, ne oporavi se od šoka dok se ne vratimo s faksa, eno ga još je pod kaučem. Boji se i izaći, siroče – šmrknula je prema mačku pozivajući ga da joj dođe u krilo.

– To smo onda riješile – pljesnula je Nora rukama i ostavila šalicu u sudoperu, u prolazu poljubila Moniku i zalupivši vratima od kupaonice, viknula joj hvala. Ova je samo odmahivala glavom smijući se.

Pod tušem je razmišljala koliko zapravo jedva čeka da ga vidi i da ga poljubi i da razgovaraju. Zapravo, kad bolje razmisli, zbog njega je obožavala te večeri koje su im postale tradicija. Prvo bi napravili krug po gradu, a onda bi otišli u neku najjadniju slastičarnicu u cijelom Osijeku. Kad ju je prvi put odveo onamo, cijelo je vrijeme bila opterećena time da će dobiti salmonelu. Dok nije probala kolače. Bili su nešto najdivnije što je ikada jela. Tako dobro izbalansirani okusi, tako mekani biskviti i kreme punog okusa. Bili su kao kolač koji ti napravi baka koja te baš želi razveseliti. Viktor kaže da je ta slastičarnica tu otkad on zna za sebe, drži je jedan stariji bračni par, koji ju je pak preuzeo od nekog njihova strica. Nije bio to neki izbor od tisuću kolača i sladoleda, ali ono što su imali bilo je božanstveno. I tako bi oni sjedili u toj slastičarnici, tik uz prozor koji je gledao na ne baš prometnu ulicu – tu i tamo koji automobil, većinom djeca koja su trčala na igralište i pokoji zaljubljeni par koji se skrivao po pokrajnim ulicama. Stolice na kojima su sjedili bile su stare, s velikim i debelim zelenim jastučićima. Naslon je bio od izrađenog željeza u obliku cvijeta, isto kao i mali okrugli stol na koji bi jedva stalo sve što su naručili. Cijeli ambijent bio je starinski namješten, imao je neke stare fenjere i lampe koje nisu dovoljno osvjetljavale cijelu prostoriju, ali to je bilo ono što je davalo čaroliju mjestu. Ozračje je bilo tako domaće, privatno i pristupačno, da je potpuno razumjela njegovu općinjenost tim mjestom. Obično bi naručila Irish cremu i jela tortu od pistacije i kolač od jagode i naranče. Danas je baš razmišljala kako bi joj dobro došla dupla doza nečeg jako čokoladnog. Obožavala je što se pred njim nije morala suzdržavati ili sramiti. Ako su se došli ubiti u slatkišima, tako bi to i završilo. Ako bi pomislio da se ona pazi i nije dovoljno pojela, sam bi je pokušavao nahraniti, i to bi uvijek bilo urnebesno smiješno i neugodno u isti tren.

Na predavanje je došla u minutu točno i zavukla se u zadnju klupu.

Ovo nije bilo nešto što je zanima, niti joj je jako trebalo, pa je odlučila ta dva sata iskoristiti da malo radi na svom diplomskom. Zapravo je bila toliko zagrijana za tu temu da bi svaki slobodni trenutak o tome mozgala. Bilo je nešto što joj nije dalo mira i tjeralo ju je da kopa i istražuje. Htjela je što više primjera i što više prakse na konkretnim slučajevima. Radila je bilješke i podcrtavala stručne tekstove koje je našla. Imala je sreće da su joj profesor i njegova asistentica uvelike izašli u susret i dali hrpu literature koja joj je pomogla. I oni su se iznenadili njezinim velikim zanimanjem, ali i poznavanjem područja djece s poremećajima u ponašanju. Za to se zainteresirala i prije nego što je upisala faks, čitajući knjigu Kristine Barnett Iskra, koja je možda i presudila u donošenju odluke o tome koji će fakultet upisati. Smatrala je da se iz svakog poremećaja može izvući ono što je najbolje, samo je važno prepoznati djetetove mogućnosti i interese. Upravo joj je to obrazloženje i donijelo veliki plus kod profesora, kojemu onda nije bilo teško ulagati u studenta koji se pokazao kao netko tko razumije problematiku i želi nešto promijeniti. U dogovoru s njime počela je raditi diplomski rad. Upravo je bila na dijelu ADHD-a i otporu djece s tim poremećajem prema okolini. Crvenim je flomasterom ljutito podcrtala sve s čime se nije slagala. Završila je s čitanjem teksta taman kad je završilo i predavanje. Na trenutak je osjetila grižnju savjesti zbog odsutnosti na predavanju, ali brzo ju je prošlo. Držao ga je profesor koji je možda, sumnjali su, bio i vampir s obzirom na to koliko ima godina. Predavao je svim generacijama za koje postoje živući zapisi. Nikad nitko nije čuo da je taj predmet predavao netko drugi. A takvo je bilo i predavanje, isto već 46 godina, otprilike. Monika je bila toliko slobodna da se uopće nije ni pojavila. Toliko o uzornim studentima.

— Ali to je totalno frustrirajuće! Da sam ja roditelj, ne bih to priznala tako! Nemoguće da znanost to već godinama na taj način pokušava objasniti. Gdje god kod ADHD-a nalazim otpor prema okolini, svi za to prozivaju odraz obiteljskog sustava vrijednosti i narušene obiteljske odnose. Po tome ispada da je svako to dijete došlo iz problematične okoline. Ne slažem se s time, dijete traži svoju autonomiju, isto kao i svatko od nas, i ako mu se to ne prizna i ako ga se uporno gura tamo gdje mu ne odgovara, zar nije logično da će to dijete pružati otpor? Mislim, na koji način ono uopće može pokazati svoje neslaganje? Ako se na vrijeme prepozna njegov interes, a sam Bog zna da ima toliko mogućnosti, ono će energiju uložiti u ono što ga zanima i važno mu je, kao i nama. Srce me boli kada razmislim u koliko takve djece čuči geniji za crtanje, pisanje, matematiku ili modeliranje, a to nitko ne vidi, nego ih guraju u društvene interakcije, isprazne satove općeg znanja, pisanja, čitanja ili nečeg četvrtog. Naravno da mora i to savladati, ali prvo je ono što će ga privući! To treba iščeprkati i onda dobro izbrusiti, a s time će doći i sve ostalo!

— Prekrasna si kada se tako uzbudiš oko nečega. Mogao bih te gledati satima dok govoriš o onome što voliš — Viktor joj se igrao s kosom.

— I znaš, mogu ti reći da mi to što govoriš ima smisla. Ali mislim da to iziskuje puno vremena, energije i volje. Nisam siguran koliko to učitelji stignu ili žele raditi.

— Da, to i je glavni problem. Mislim da bi se čak trebao uvesti takav smjer na fakultetu, koji bi nas onda usmjeravao samo na to. Makar je to vrlo usko područje, ali mislim da bi imalo veliki odaziv i na kraju velike rezultate.

— Moguće, ali znaš da kod nas svi gledaju samo isplativost. Jesi li razgovarala s profesorom o tome? — zamijenio je tanjure, pojeo je pola svoje torte od pistacije i krenuo na njezinu čokoladnu, čime je zaslužio da dobije po prstima.

— Ostavi to, meni danas treba čokolade. Jesam, i baš sam se iznenadila. Rekao je da se slaže sa mnom i da bi htio da mu više studenata dolazi s takvim žarom i entuzijazmom te da takvi ljudi donose promjene. Bila sam napuhana kao pura od ponosa — nasmijala se i navalila na tortu. Bila je od lješnjaka i čokolade, krema je bila parfe, a biskvit prozračan s rumom. Sve skupa bilo je kao eksplozija okusa i topilo se u ustima. Željela je pojesti četiri komada ili jesti dok se ne raspukne, kako je bilo dobro.

– Naravno da te pohvalio! Savršena si i moja si, ima li bolje kombinacije? – nasmiješio joj se kao zaljubljeni dječarac, a njoj je kroz glavu prolazilo samo kako će se ikad moći naljutiti na njega.

Nakon deserta su otišli u šetnju gradom. Večer je bila svježa i to joj je baš trebalo jer je znala da će ovih dana morati teško raditi na diplomskom. Nije ju to previše brinulo jer je jedva čekala da dođe doma i uz skuhanu kavu zapne za računalo.

Viktor je obožavao svoj grad, a Nora je obožavala slušati ga kako o njemu priča. Znao je mnogo toga o povijesti Osijeka, cijeli ga je život istraživao i znao je prenijeti taj posebni osjećaj koji ima prema ovom gradu. Prvo što joj je ikada rekao o Osijeku bilo je o zelenilu kojega toliko ima. Naučio ju je da ukupno ima 17 parkova i da je grad s najviše zelenila i zelenih površina u Hrvatskoj. Ove su večeri prošetali rutom koju su sada već oboje dobro poznavali, a počela je na promenadi. Nora je obožavala šetnje uz Dravu, pogotovo noću kada je most na Dravi izgledao čarobno. Stazom koju su ispunjavale klupe, visoke svjetiljke i posađene biljke uvijek je netko šetao, trčao ili vozio bicikl.

– Što misliš koliko ljudi prođe ovuda vikendom?

– Nemam pojma, recimo 3000.

– Pf, ja bih rekao barem 10 000 – rekao je Viktor i zašutio.

– A točna brojka je?

– Nemam pojma.

– Super informacija, hvala – rekla je Nora uz onaj blesavi zaljubljeni osmijeh koji ju još nije puštao i Viktor je to obožavao. Volio ju je promatrati i bio je zaljubljen u svaku crtu njezina lica, u njezine zelene oči i plavu valovitu kosu. Imala je iskren osmijeh i najslađi nos na svijetu, po njegovoj slobodnoj procjeni. Oblačila se potpuno otkačeno, ali na njoj je to sve imalo nekog smisla.

Nora se sjetila kako joj je prvi put kada su otišli u šetnju pričao o mostu koji je ona toliko voljela. Objasnio joj je da je izgrađen 1981.

godine i da je visok 35 metara, ali da nije uvijek izgledao ovako. Tijekom godina nekoliko je puta renoviran zbog oštećenja u ratu. Ona je željela ispasti pametna i informirana pa je tražila da je odvede i na Most mladosti, na što se on počeo toliko smijati da ga je skoro gurnula u Dravu. Kada se smirio, rekao joj je da je to taj most samo se tako prije zvao pa ga neki ljudi i danas tako zovu. Odgovorila mu je da je to znala i da ga je samo provjeravala.

Dio koji je Viktor najviše obožavao bio je Perivoj kralja Tomislava. Najveći park o kojem je on znao mnogo zanimljivih stvari, a izgledao je prekrasno u bilo koje doba godine. Uređene staze, mnogo drveća i zelena trava bili su baš ono što ti je trebalo da napuniš baterije. Mogao si samo u tišini hodati perivojem i uživati u mirisu lišća i pogledu na staru baroknu Tvrđu.

— Znaš da postoji razlog zbog kojeg su stvarali toliko parkova oko Tvrđe?

— Zato da Tvrđi bude lijepo?

— Da, da, to je očito, ali osim toga, morali su Gornji i Donji grad pomaknuti za kilometar od zidina jer je toliki bio domet topova, pa im je to bilo najlakše učiniti s parkovima.

Kada god su se ovuda šetali, Nora je inzistirala da idu vidjeti Fiću i tenk jer je njoj to bilo najzanimljivije. Svaki je put inzistirala i da Viktor ponovi jednu te istu priču.

— Ovo je instalacija koja je postavljena u znak sjećanja na događaj iz vremena Domovinskog rata. To se dogodilo 27. lipnja 1991. godine, kada su tenkovi divljali ulicama grada. Branko Breškić želio ih je zaustaviti tako što je nasred raskrižja parkirao svog crvenog Fiata…

— Fiću.

— Da, Fiću. Tenk je prešao preko Fiće i smrskao ga u komadiće. Zato su na ovom mjestu postavili instalaciju na kojoj sada mali crveni Fićo jednako lako prelazi preko velikog sivog tenka.

Držali su se za ruke i on ju je nježno dodirivao svojim prstima, i jedno i drugo bili su u nekom svom svijetu, ali bilo je dovoljno da su zajedno. Čak i kada nisu razgovarali, odlično su razumjeli potrebe onog drugog. Krenuli su prema parkiralištu i putem prošli pokraj popularnog osječkog Šetača. Bio je to dva metra visok brončani kip pisca Augusta Cesarca koji je, naučila je od Viktora, bio prva ulična skulptura u Hrvatskoj postavljena još 1974. godine. Bio je toliko popularan da su u jednom trenutku njegov lik stavili na semafore umjesto onih čovječuljaka koji pokazuju kada smiješ prijeći cestu.

– Bok, šetač – rekla je Nora i mahnula kipu.

– Baš bih volio da ti jednom odgovori, da pobjegneš glavom bez obzira – rekao je Viktor i počeo se smijati.

Udisala je zrak punim plućima, ne vjerujući da je tolika sretnica i da joj je tako dobro. Otpratio ju je do ulaznih vrata, gdje su se još malo opraštali, a kad je ušla u kuću, u dnevnoj sobi ju je čekala Monika jedući sladoled izravno iz kutije.

– Dobra večer. Onaj nered što si ostavila i dalje te čeka u mojoj sobi – nacerila joj se, a Nora se u trenu osjetila posramljenom. Doista je napravila nered i doista ga je htjela spremiti, ali jako joj se žurilo jer je već kasnila Viktoru.

– Da se iskupim, donijela sam ti ova dva kolača iz slastičarnice, ali koliko vidim, ti si svoju dozu slatkog već riješila – sagnula se i poljubila je u obraz te se bacila na krevet pokraj nje. Ona je na laptopu pisala seminar.

– Slatkog nikad dovoljno. Hvala, trebat će mi jer imam namjeru biti budna cijelu noć da ovo završim – Monika je već raspakirala malu zelenu vrećicu u kojoj su bili kolači.

– Super! I ja isto! Skuhat ću kavu i pridružujem ti se. Uspjela sam zmaja nagovoriti da mi da knjigu za van, pa je rekla samo do sutra, moram stići izvući sve citate koji me zanimaju!

– Kava... Prekrasno. Što si posudila?

– Winkelovu Djeca koju je teško odgajati, profesor mi je preporučio. Kaže da bi svaki profesor to trebao pročitati i ako se ne sreće nužno s time i ne radi samo s takvom djecom. Navodno je u njoj hrpa primjera iz stvarnog života i mislim da bih mogla puno toga iskoristiti u svom radu. Osim toga, nadam se da mi može pomoći u mom profesionalnom usmjeravanju.

– Da, čula sam za tu knjigu, samo mi nije jasno zašto je ne daju van, pa nije to neka mala knjižica koju možeš pročitati u sat-dva.

– A navodno su im ukrali drugi primjerak pa je ovaj jedini. Želiš da ti šećerim kavu?

– Može žličica. Mogu misliti kako je ova podivljala kad si je molila za van. Kako to da ti ju je uopće dala? Nikad nikome ništa ne daje.

– A jedva, podmitila sam je čokoladom i rekla da me profesor šalje – nacerila se Nora dok je nalijevala kavu u dvije ogromne šalice.

– Ti ćeš bankrotirati dok završiš faks. Sve podmićuješ čokoladom – smijala se Monika dok joj je dodavala kavu.

– A čuj, sila Boga ne pita. Sve će se to isplatiti – smijala se Nora i izvadila dragocjenu knjigu.

Prošla su tri sata ujutro kad su obje bile zrele za krevet. Monika je napisala cijeli seminar, dok je Nora imala ispisanih pet stranica A4 formata s obje strane. Papiri su joj bili prepuni boja jer je bila vizualni tip. Imala je markere u svim postojećim nijansama, kao i papiriće za obilježavanje važnih dijelova. To je išlo do te mjere da je čak i kemijske olovke imala u različitim bojama. Kolegice s faksa su se uvijek zgražale na kupus boja koji bi ih dočekao kad bi čitale njezine skripte. Tvrdile su da im mozak ne može odrediti ništa kao važno jer je sve bilo previše istaknuto. Ali one nisu imale sustav. U Norinoj glavi to je imalo potpuno logičan red i smisao. Što je boja bila ljepša, njoj ljepša, to je stvar bila važnija, jer bi samim time obraćala pozornost na nju. Sada je gledala u svoje papire. Sitnim rukopisom ispisala je dosta slučajeva, kao i nekih prijedloga priznatih pedagoga i dječjih psihologa za njihovo rješavanje. Boje su frcale na sve strane i bila je zadovoljna količinom informacija koje je prikupila u nekoliko sati, što su proletjeli dok je rekla keks. Pospremila je sve što je našla u fascikl i ostavila ga na kuhinjskom stolu da ga ne zaboravi ponijeti na faks. Sutra ima konzultacije i nosila je prvi dio rada na pregled, pa je odmah mislila reći kako je zamislila drugi dio. Sada ju je umor već opako lomio pa je odlučila izbjeći kasnonoćno tuširanje i odgoditi ga za jutro. Prije spavanja je virnula na mobitel koji je pokazivao zeleno svjetlo poruke. Viktor joj je poželio slatke snove dramatično sladunjavim tekstom, od kojeg se gotovo rastopila. Bila je nepopravljiva romantičarka i on je to znao. Nije mu htjela odgovarati jer je znala da ujutro radi, a sve da je i htjela, bila je preumorna pa je samo zaspala grleći mobitel.

Probudio ju je iritantni alarm koji Monika nikako nije gasila. Vikala je na nju iz svoje sobe, ali nije pomagalo, bila je primorana ustati i fizički se obračunati s tom napasnicom. Kad je bacila pogled na sat, vidjela je da joj je i samoj vrijeme za ustajanje, na brzinu je u usta nagurala sendvič, skoro se udavivši, i zalila ga s par gutljaja kave, da lakše ide. Nabacila je na sebe traper-jaknu i pokupila najosnovnije u torbu jureći na dogovorene konzultacije. Putem je nazvala Viktora koji je uvrijeđenost zbog njezina sinoćnjeg nejavljanja glumio čak nekoliko minuta, ali nakon što mu je obećala da će ići s njim za vikend na utakmicu te da ga časti kebabom i pivom, malo je popustio. Bože, što sve žena može s muškarcem koji je slab na hranu i nogomet, samo nebo je granica, mislila je umirući od smijeha. Tek što je poklopila, mobitel se javio zavijajući iz torbe. Mahnito je kopala po njoj tražeći ga. Našla je ruž, sjenilo za oči, rezervne čarape, šaku sumnjivo mekanih bombona, ali njemu još nije bilo ni traga. Nevjerojatno kako se to zlo uspijevalo sakriti baš kad ga čovjek najviše treba. Taman kad je u očaju pomislila da će morati stati i sve iz torbe isuti nasred ulice da bi ga se dokopala, vršcima prstiju ga je iščeprkala van.

– Halo? – zadihano je viknula u slušalicu

– Halo, ljubavi? Kako si mi? – zacvrkutala joj je mama s druge strane slušalice.

– Hej, majko! Upravo sam na putu za faks. Dobro sam, ti? Kako je tata? – čim je čula mamin glas odmah joj se popravilo raspoloženje.

– Svi smo dobro, samo sam te se poželjela, pa da ti čujem glas.

– A i ja sam se vas baš poželjela. Mislim da bih idući vikend mogla doći doma. Sve ovisi o tome kako će mi napredovati rad.

– Baš sam te htjela pitati kako ide.

– Ma, zadovoljna sam, više od pola sam riješila, baš sam, evo, pred faksom i idem na konzultacije. Javim ti se kasnije. Ljubim te. I poljubi tatu.

– Može, ljubavi, čujemo se, sretno – poklopila je i opet ga ugurala u torbu, nadajući se da će ga idući put odmah naći.

Minutu do devet pokucala je na profesorova vrata. Kada je čula "Slobodno!", provukla se kroz vrata koja se nisu mogla do kraja otvoriti. Svaki put kada bi prolazila kroz njih nije mogla da se ne zapita kako veći ljudi dolaze k njemu. Frajer je iza vrata držao kutije s papirima i knjigama koje je čuvao valjda od srednjeg vijeka. Imao je najneuredniji ured od svih profesora kod kojih je bila. Kod njega si prvo morao napraviti mjesta na stolici da bi mogao sjesti, a da ne govorimo o stolu na kojem je bila i stara pisaća mašina koju sigurno ne upotrebljava s obzirom na to da je do nje bilo računalo u funkciji. Profesor je bio nizak i proćelav. Uvijek je na sebi imao odijela zanimljivog kariranog uzorka, koja su sasvim očito bila potpuni demode. Po svemu sudeći, nosio je ista već trideset godina. Danas je imao svijetložutu košulju, tamnozeleni sako i hlače na crtu s velikim kockama žutih i smeđih kombinacija. Da je to obukao bilo tko drugi, bilo bi grozno i neukusno, ali kad je to nosio on, bilo je nešto sasvim prirodno i baš za njega. Okrenuo se iz ormara i nasmiješio joj se od uha do uha. Njegovo je veselje bilo zarazno. Većini studenata bio je najdraži profesor jer je prštao od pozitive, imao je gomilu razumijevanja i nikad nije bio loše volje ili ljut.

– Dobro jutro, kolegice! Kako smo danas? – požurio je do stola da joj raskrči mjesto za pisanje i sjedenje, počeo je premetati papire s jedne na drugu hrpu. Bože, što je bio neuredan.

– Dobro jutro. Dan je prekrasan pa ne mogu biti loše, vi? – oslobodio joj je pola stolice. Trenutak je zbunjeno gledala, ali kako je on rukom pokazivao da sjedne, sjela je s pola stražnjice.

– Ja sam uvijek odlično, pogotovo kada mi dolaze studenti s kojima mogu voditi konstruktivne rasprave – nasmijao se i sam sjeo nasuprot nje.

– Da vidimo što ste mi to donijeli.

– Prvi dio rada je gotov – pružila mu je fascikl.

– A za ostatak sam zamislila da stavljam samo praksu. Koristila sam knjigu koju ste mi vi preporučili i na njoj bih se bazirala. Pozivala bih se na njihove primjere, ali želim ih usporediti ili teoretski primijeniti na naše slučajeve školstva i vrtića. Otišla bih u nekoliko škola, jer sam već stupila u kontakt s učiteljicama i pokušala bih na određenim tipovima poremećaja ponašanja prepoznati ono u čemu je to dijete dobro i što bi ga potaknulo da pruži 110 posto od sebe, jer znam da može i da ima potencijala. Svako ga dijete ima. Kao i svatko od nas.

– Odlična ideja! Ja sam vam također našao kontakte svojih bivših studenata koji su se susretali s tom dijagnozom u svom radu, možda ne bi bilo loše da se raspitate i za neke njihove primjere. Ali svakako me oduševljava ova ideja da napravite praktični dio, jer većina studenata to izbjegava, zadovolje se samo prepisivanjem iz literature i kombiniranjem pet ili šest autora koje poslije navedu kao izvore. Jeste li razmislili o pristupu takvoj djeci?

– Da, i o tome sam mislila, naravno da učitelj najbolje poznaje to dijete i da bi sam trebao prepoznati afinitete. Napravila sam kratke igre kroz kartice i zamolila učitelje da u nekoliko navrata to podijele cijelom razredu, ne samo tom djetetu, da se u startu ne osjeća drugačijim. Nadam se da ću kroz te igre prepoznati koje su njegove zanimacije. Pokrila sam crtanje, pisanje, glazbu, matematiku i modeliranje, odnosno rad rukama. Znači, u svakoj igri ciljam na sve to, ali dajem prednost jednome od toga kroz njegove odgovore. Kada obradim više igara, trebala bih moći prepoznati obrazac. Nadam se. Znam da je to ugrubo i da nije sasvim dovoljno, ali mislim da će za početak biti zanimljivo.

— Slažem se, ideja s igrama u toj dobi je fenomenalna, dijete će zapravo, misleći da se igra, pokazati ono što mu je najdraže ili ga najviše privlači. Odlično ste to smislili, kolegice. Vidim da vam i ne trebam — glasno se nasmijao, a trbuh mu je poskakivao iznad zategnutih hlača.

— Trebate, naravno. Da me vi niste usmjerili na pravu literaturu, ne bih sama razvila takve ideje — nasmiješila se i sačekala da on prelista prvi dio rada. Trebalo mu je desetak minuta, a ona je proučavala zbirku dječje književnosti koja mu je krasila bočne zidove sobe. Bila je doista impozantna. Uza sve naslove koji su joj bili poznati, bilo je puno, barem još tri puta toliko, onih koji joj nisu bili poznati. Nema sumnje da se takva kolekcija skuplja godinama.

— Jako sam zadovoljan, kolegice, vrlo malo ispravaka bih vam tu predložio. Kada dodate svoj praktični dio, mogu vam slobodno reći da ste spremni za obranu svoga diplomskog rada!

Nora se od ponosa gotovo raspuknula.

4

Nije bila spremna! Bila je sve samo ne spremna. Stajala je pred golemim ogledalom u predsoblju gledajući se i šišteći, što je bila neka bijedna imitacija dubokog disanja za smirenje. Na sebi je imala crne hlače na crtu, svijetloplavu košulju s tamnoplavim motivima lastavice u letu. Na nogama je nosila obične crne balerinke, dok je kosu uredno počešljala i sa svih strana uhvatila crnim špangicama.

– Izgledaš štreberski – dobacila joj je Monika u prolazu, Nora je očito bila u potpunom stanju šoka, jer nije bila sposobna ni za kakav iole prihvatljiv odgovor osim nečega što je užasno podsjećalo na grgljanje. Monika se vratila i stala tik iza nje gledajući njihove odraze u ogledalu.

– Zaboga, izgledaš kao da ćeš se onesvijestiti. Izgledaš grozno – povukla ju je za ruku i posjela za stol u kuhinji. Nora je i dalje imala nekakav čudan umirem-u-ovom-trenutku pogled.

– Eeej! Daj popij vode i saberi se. Što te spopalo? – Monika joj je ugurala čašu vode i red čokolade u ruke.

– Obrana je tek za dva sata. Ako nastaviš ovako hiperventilirati, završit ćeš na hitnoj prije toga.

– Mislim da nikad u životu nisam imala ovakvu tremu… – cviljela je gutajući cijele kocke čokolade.

– To se i vidi. Smiri se, ženo, sve znaš, radiš na tome već šest mjeseci, nema toga što bi te moglo iznenaditi. Mogu biti toliko slobodna i reći da o toj temi znaš više i od samog profesora. Bit ćeš super mila! – smiješila joj se Monika, koja je usput otvorila prozor pa su sada imale svježeg zraka. Izgleda da je sve to – zrak, voda i čokolada – ipak imalo nekog učinka. Mozak je prestao prijetiti pregrijavanjem, noge otkazivanjem, a pluća eksplozijom.

– Štreberski ti izgleda baba.

– Znači, nadošli smo – pljesnula ju je Monika po leđima.

– Ajmo onda na noge lagane i po ono što se čeka svih ovih otužnih godina studiranja!

Peti put je provjerila je li stavila USB u torbu, ima li isprintan rad i poklone za profesore. Drhtavim je rukama listala po radu i čitala primjere koje je znala već napamet. Znala je čak i kojim su redom pobrojani. Monika je imala pravo, nemoguće je da nešto ne zna. Spremna je, štoviše, i više nego spremna, time se misli baviti u životu, kako bi mogla sada zakazati? Sve će biti u redu! Ponavljala je tu rečenicu dobrih petnaest minuta, dok ju nije trgnulo zvono na vratima. Viktor je ušao u prostoriju. Onako visok i plav, u svečanom tamnoplavom odijelu, izgledao je kao model koji je upravo došao na pauzu sa snimanja reklame nekog skupog brenda muških odijela. Sobu je u trenu preplavio miris njegova parfema. Obožavala je spoj citrusa i neke slatke note koju nikad nije prepoznala. Bio joj je to najdraži muški parfem i baš mu je odgovarao. Sve skupa činilo ga je neodoljivim. Barem njoj.

– Što si se toliko nasmrdio? – frknula je Monika nosom kao da upravo čisti WC školjku.

– Dobro jutro i tebi – nasmijao se Viktor i poljubio Noru u čelo.

– Dobro da si tek sada stigao, da si došao koju sekundu prije, nazočio bi drami u rangu Shakespearea. Viktor je pomalo zabrinuto pogledao Noru.

– Preuveličava – nacerila mu se Nora. Sada se osjećala puno bolje i samo je htjela da sav taj cirkus što prije prođe.

– Idemo onda, parkirao sam pred zgradom.

Sve troje su se utrpali u automobil i relativno brzo stigli do fakulteta jer je bio već poodmakao lipanj i grad se malo ispraznio od svakodnevnih gužvi i gomile ljudi. Svi su požurili iskoristiti prve veće vrućine i početak sezone na moru. Čak ni na fakultetu nije bilo graje i galame. Svi su već bili na praznicima. Ušli su u zgradu, zahvalila je Bogu što je stara i masivnih zidova jer je unutra bilo hladno kao da nije početak ljeta i paklenih vrućina. Nikako joj se ne bi svidjelo da se počne cijediti od znoja pred profesorima koji pažljivo prate svaku njezinu riječ i pokret. Odvela je Viktora i Moniku u manju učionicu na drugome katu, gdje su ih dočekala dva starija profesora i jedna mlađa profesorica. Nakon kratkog razgovora Nora se potpuno opustila i počela prezentirati svoj rad. Viktor i Monika su kao njezini gosti bili u dnu učionice i kao opčinjeni promatrali kako ona barata svim stručnim pojmovima. Stajala je pred profesorima držeći u ruci samo laserski pokazivač kojim je upućivala na važne činjenice. Izlagala je svoj rad, uključivala profesore u raspravu i vidno uživala u tome što radi. Bila je stvorena da nekome predaje, kada je jednom krenula, više nije bilo ni trunke treme. Prezentacija je bila vesela i živih boja, jednostavno te prisiljavala da je pratiš i budeš pozoran. Izlaganje je trajalo nekih pola sata, nakon čega su profesori jednoglasno i vrlo brzo donijeli odluku o ocjeni. Nakon čestitanja i oduševljenih pohvala profesora njih troje su otišli na svečani ručak.

– Rasturila si! – vikala je Monika – svaka ti čast! –

– Da! Bili smo opčinjeni. Čestitam! – Viktor ju je grlio i ljubio.

Oboje su je iznenadili ogromnim buketima cvijeća za koje nije znala gdje su ih skrivali dok joj ih nisu dali. Sva je sjala od sreće i ponosa. Za ovaj je trenutak studirala. Upravo je postigla ono zbog čega se odricala i za što je živjela zadnjih pet godina. Osjećaj je bio prekrasan i nezamjenjiv.

– Hvala, hvala. Cvijeće je predivno! Idemo nešto pojesti jer ja skapavam od gladi!

Sjeli su u restoran i svatko si je dao oduška pri naručivanju hrane. Natrpali su se juhom, mesom i prilozima, salatama i desertima. Sjedili su ondje nekoliko sati osjećajući da će se raspuknuti od pretjerivanja u jelu i piću. Ali nije ih bilo briga, sada su slavili. Nora je bila sretna što su njih dvoje bili uz nju. Znala je da se iskreno raduju njezinu uspjehu. Bili su joj najbliži u ovom dalekom gradu, ali svejedno su joj nedostajali mama i tata. Ali doći će na promociju, i tada će njezin uspjeh biti potpun.

*

Promocija je bila početkom rujna. Bila je to velika svečanost za svakog diplomca. Svi su doveli svoje najbliže kao goste i svi su se šepirili u dugačkim haljinama i kapama. Na kapama su plesale vezice koje su trebali prebaciti s lijeve na desnu stranu kako bi pokazali da su sada priznati članovi akademske zajednice. To su joj jutro stigli mama i tata, oboje uređeni i svečani koliko to roditelji uopće mogu biti. Oboje su pucali od ponosa i smiješili se svakom prolazniku, kao da baš taj zna da njihova kći jedinica danas postaje kraljica svemira. Jer u njihovim očima ništa manje od toga ona nije ni postigla.

Danas je bio poseban dan, osim same promocije, mama i tata će prvi put upoznati Viktora. Po svemu sudeći, on je imao tremu ravnu njezinoj prije obrane. Samo što je kod njega ta trema trajala već dva tjedna. Danonoćno ju je davio kako da se ošiša, kako da se obrije i što da obuče da bude svečano, skromno, muževno i dostojno njihove kćeri – kako je rekao. Ozbiljno? Postoji li takav opis odjevnog predmeta? Viktor je jednostavno prolupao zadnjih dana i ona se silno nadala da neće od sebe napraviti totalnog bedaka u pokušaju da se svidi njezinima. Dogovor je bio da će ona provesti jutro sa svojima, prošetali su po Osijeku, doručkovali i popili kavu. Smijali se i razgovarali kao nekad kada je bila mala. Vidjela je koliko su je bili željni i koliko su čeznuli za njom. Tata ju je stalno držao za ruku i hvalio kako je puno postigla i kako je ponosan. Mama ju je pak neprestano ljubila i sva se topila na svoju curicu koja više nije curica. Bili su toliko slatki, da su je nekoliko puta doveli do ruba suza od sreće i silne ljubavi kojom su isijavali.

Sada su sjedili i čekali Viktora. Pogledala je svoje roditelje i pokušala ih vidjeti onako kako će ih vidjeti on, potpuni stranac. Tata je na prvu izgledao ozbiljno i opasno, a zapravo su se svi trebali bojati mame. Mama je samo izgledala plaho, onako sitnija od tate, s nježnocrvenkastom bojom kose i dubokim tamnim očima, čak su joj i crte lica bile mekane i tople. Međutim, kad bi te odlučila dovesti u red, oznojio bi se dok ne bi završila s tobom. Odrješita je i točno zna što želi, učinkovita i izravna, sve konce drži u svojim rukama i sve ima pod kontrolom. Nju teško možeš zavarati, a ako joj staneš na žulj, bolje da te nema. S druge strane, tata je bio visok i jak, fizički radnik, bio je proćelav pa je i ostatak kose brijao do nule. Nosio je naočale s debelim crnim okvirima i puštao brkove i bradu, što mu je davalo izgled opasnog štemera iz susjedstva, a zapravo je bio kao malo mače, umiljat i drag. Često bi svoju ženu smirivao i pokušavao utišati njezin temperament, a sam gotovo nikad nije izgubio živce. Posebno je bio osjetljiv na svoju jedinicu, koja je od njega mogla tražiti što god je htjela i u svemu bi joj udovoljio. Jedva je čekala da upoznaju Viktora i da čuje što misle o njemu. Tek što je pomislila na njega, vidjela ga je kako nervoznim, sitnim koracima korača prema njima. Na sebi je imao hlače od odijela i običnu bijelu košulju, a kravatu je izbacio kako ne bi izgledao nadmeno, kako je rekao.

Upoznavanje je prošlo vrlo dobro ako se nju pita. Međutim, iz nekog razloga njezin tata, najnježnija osoba koju zna i osoba koja je za sve imala razumijevanja, nije bio baš oduševljen njime. Nikako mu nije sjeo i cijelo je vrijeme bio tih i mrk, mama ga je gurkala ispod stola, ali nije pomoglo. S druge strane, mama je baš srdačno prihvatila Viktora, njih dvoje su nazdravljali jedno drugome i šalili se. Kako se stvari zanimljivo poslože.

Promocija je trajala neka dva sata. Studenti su se prozivali redom i bila im je uručena diploma s ružom, profesori su im čestitali, a oni bi stali ispred publike i pomaknuli svoju špagicu s kape slijeva nadesno, kako bi označili da su sada potpuno završili svoj petogodišnji put na ovom fakultetu. Nakon toga su još održani govori i bacale su se kape u zrak, što je ujedno označavalo i kraj svečane promocije. Ubrzo su produžili u restoran, gdje su nastavili u istom tonu. Nora je bila zatrpana buketima cvijeća i sa svojom se kapom slikala u sto poza sa svima. Ponosni tata nije skrivao divljenje prema svojoj jedinici, a isto tako bilo je očito i neslaganje s njezinim izborom muškarca.

— Tata, pa što te muči? — zagrlila ga je dok su pješačili do stana. Viktor je otišao svojim putem kako bi ona još imala vremena biti sa svojima prije nego što i oni odu kući.

— Stvarno, Stjepane, držiš se kao usrani golub! — bila je puna razumijevanja mama.

— Ništa, što? Samo sam malo zamišljen.

— Ne sviđa ti se Viktor — pogledala ga je Nora u oči.

— Ako baš moram priznati, ne.

Barem je direktan, mislila je Nora.

— Ali zašto, pa divan je momak — stala je mama u obranu.

— Ne sjeda mi. Nešto me kod njega odbija, ne znam što, ali, eto, imam pravo da mi se netko ne svidi — odmahivao je glavom i slijegao ramenima kao da je dijete koje nešto hoće, a ne zna obrazložiti zašto to hoće.

— Stjepane, mislim da se tebi nitko ne bi svidio jer nitko ne bi bio

dovoljno dobar za tvoju jedinicu. To je tako, htio ti to priznati ili ne –
odmahivala je mama rukom kao da tjera tatine mušice.

– Nije tako. Jednostavno ja...

Prekinula ga je u pola rečenice.

– Zaboravio si kako je to biti zet i kako je to kad se nekome želiš
svidjeti. Ne tako davno, i ti si bio u istoj poziciji, sjeti se. Moraš mu dati
priliku, ovo je bio jako kratak susret.

– Pa nisam ja ni rekao da ga sad izopćujem iz svoga društva, samo
da nisam najsretniji sada kad sam ga upoznao – pogledom punim
krivnje virnuo je na Noru.

– Ali, tata, on je jako dobar i jako mi je lijepo s njim.

– Sretna si s njim? – zastao je i pogledao je.

– Da. Da nisam, ne bih bila s njim.

– Ako je tako, meni je dovoljno! Sve drugo ćemo lako riješiti –
nasmijao se i obgrlio kćer, poljubivši je u čelo.

– Tako je! I ako prestanem biti sretna, bit ćeš prvi koji će to saznati.

– I prvi koji će ti pomoći! Zapamti to – rekao je sav raznježen.

– Joj, joj, požurimo se spakirati i doma dok se nismo svi sad tu
raspekmezili. Mama Marija uvijek je bila ona hladne glave. Taman su
došli do automobila koji je bio parkiran ispred zgrade.

– Osim toga, trebaš si spremiti u špajzu svu zimnicu koju sam ti
donijela. Vidi, ovo ti je tu kuhani paradajz, pa nekoliko pekmeza.
Napisano je na svakoj boci, imaš od jagode i marelice. Cikla i krastavci
su ti u ovim malima, kad otvoriš da pojedeš odjednom. Donijela sam
ti krumpira, mahuna i graha. Sve je svježe i dugo će ti trajati. Daj da
ti pomognem. I napravila sam ti domaće rezance, znam da ih voliš. I
krušne mrvice, da imaš za pohanje – počela je mama nasred ceste
vaditi vrećice pune hrane. Nora je mogla samo nemoćno odmahivati

glavom. Njezina je mama uvijek mislila da će umrijeti od gladi ako se ona osobno ne pobrine za njezin tjedni meni. Jedva su odvukli sve to do kuhinje, a pritom je to sve jedva stalo na stol i kuhinjske elemente. Sve je bilo zakrčeno. Mama je čak i raspremanje namirnica uzela u svoje ruke. Trpala je ono što treba u frižider, a druge namirnice u kuhinjske elemente.

— A što, mila, ti sad misliš dalje? Tražit ćeš posao tu ili u Kutini? — tata je gledao kako mama radi. Nora je znala što bi najviše htio čuti, ali nije mu mogla tako odgovoriti.

— Ostat ću tu, tata, tražit ću posao ovdje. Imam pravo raditi na studentski ugovor još tri mjeseca, tako ću se snaći za prvu ruku. A onda se nadam da će uletjeti neki posao.

Samo je kimnuo glavom.

— Kako god ti želiš. Tata i ja te podržavamo u svemu — ubacila se mama, iako je tata izgledao kao da bi najradije zaplakao. Nora ga je zagrlila. Znala je da mu je teško. Ali isto tako je znala da sama mora graditi svoj put i sreću. U krajnjoj liniji, i on se odvojio od svojih roditelja, a tako će i njezina djeca od nje jednog dana. Takav je slijed i to je nešto sasvim prirodno.

5

Sjedila je na barskoj stolici za šankom i listala novine, a na svakoj je stranici iskakala udarna vijest o suđenju Ivi Sanaderu. Već su se mjesec dana po svim medijima vrtjele priče o početku suđenja bivšem premijeru. Odmahivala je glavom jer joj je to već izlazilo na uši. Kafić je danas bio relativno prazan. Imala je dva para na terasi, a unutra nikoga. S obzirom na to da su gosti većinom bili studenti, koji trenutno nisu imali predavanja, nije joj bilo čudno što nema ljudi. Pila je svoju kavu s mlijekom, dok je Viktora čekala njegova upravo skuhana. Svaki je dan prije posla svratio do nje da skupa popiju kavu i da je poljubi. Radio je za tatu, a imali su tvrtku koja se bavila održavanjem velikih poljoprivrednih strojeva. Kako su bili sami svoji gazde, tako je Viktor imao i klizno radno vrijeme pa je, na primjer, radio tek od devet sati, da ne bude umoran, jer sav ostali svijet ne radi od šest ili sedam. Jedinci su totalno razmaženi. Novine je okrenula na horoskop. To nikad ne propušta.

– Nisam spavao cijelu noć! – uletio je Viktor u kafić kao vihor.

– Dobro jutro i tebi – nasmiješila se i podigla glavu da ga poljubi. No on je prošao pokraj nje kao da je ne vidi. Bio je sav zadihan i usplahiren.

– Cijelu me noć boli desna prepona. Jučer na nogometu sam se istegnuo i sad uopće ne prolazi! Ne znam što da radim. Čitao sam na internetu kakve sve mogu biti posljedice ako dođe do puknuća tog nekog mišića. Sav sam u šoku. Mogu ostati šepav na tu nogu ili završiti na operaciji! – sjeo je na stolicu sav blijed i vidno uzrujan. Nora se morala ugristi za jezik da mu ne dobaci nekakvu sarkastičnu primjedbu. Osobe s teškim oštećenjima ne bi trčale po kafiću kao muha bez glave, ali to je samo njezino laičko mišljenje.

– Ma sigurna sam da si samo malo pretjerao, kad se odmoriš, bit će lakše – dodala mu je kavu i čašu vode.

– Neću ništa piti osim vode, naručio sam se kod doktorice i sad će me primiti jer sam joj rekao da je hitno.

Nora je buljila u njega otvorenih usta.

– Aha, *ok*. A piti kavu i jesti nećeš jer…? – pogledao ju je kao da je rekla nešto najgluplje na svijetu.

– Pa možda ću morati vaditi krv.

Nora je samo odmahnula glavom u nevjerici.

– Jasno, da… *Tebe od pretraga treba jedino poslati psihijatru*, pomislila je. Ustala je i počela prati ruke da se zaposli jer ju je sada već polako lovio i smijeh. Dala bi sve na svijetu da može ići s njim doktoru i vidjeti ga kako, nakon što mu doktorica pregleda nogu i mišić, on ostaje sjediti i pita kad će vaditi krv. Kad bolje razmisli, stvarno bi ga mogla poslati na neke pretrage. Glave.

– Javit ću ti se da se ne brineš – Viktor ju je poljubio u kosu. *Valjda siroti od straha nije shvatio da je to kriva strana glave?*

– Da, da! Obavezno, čim nešto saznaš, mili – doviknula je za njim dok je izlazio. Tek si je tada dopustila da se naglas nasmije. *Bože, ja hodam s najluđim dečkom ikad.*

Prošla je prijepodnevna gužva koja obično počne oko devet, tako da je na trenutak stala na zrak kako bi se odmorila. Promatrala je fontanu ispred kafića koja je izgledala kao tri potpuno ravna otvorena kišobrana na tri razine s kojih je padala voda. Iz nekog čudnog razloga zvuk fontane i neprekidno slijevanje vode opuštalo ju je. Monika joj se zbog toga znala često smijati, ali to je zato što ona očito nije razumjela umjetnost na toj razini. Smijala joj se i zbog tog objašnjenja. Mobitel joj je zazvonio dok je brisala stolove. Prošla su otprilike dva sata otkako je Viktor hitno odjurio do doktorice.

– Halo, ljubavi? Kako si? Što ti je rekla?

Htjela je još dodati nekoliko pitanja poput jesi li operiran, ali mislila je da bi se mogao uvrijediti na toliku dozu sarkazma.

– Ma, zamisli! Rekla je da meni nije ništa i da zauzimam mjesto pravim bolesnicima! Kao da sam ja to izmislio. Pa, mislim, svatko bi se zabrinuo za sebe, zar ne? Nikad ne znaš što se može zakomplicirati. Ja se vodim onim – bolje spriječiti nego liječiti. Ali ona je bila toliko neugodna, da razmišljam da promijenim doktoricu. *I odeš po drugo mišljenje* – bilo je Nori na vrh jezika, ali se suzdržala.

– Ah, ljubavi. Ma ona je nervozna jer ima gužvu. Važno da si ti sada *ok*...

– Pa, kao da mi je malo lakše, ali opet, osjetim da boli.

– Moraš se odmarati. Dođem ja danas do tebe pa ćemo pogledati neki film...

– Može, da, ako nešto ne budem mogao, pa da mi ti pomogneš — — rekao je tako tužno da Nora nije mogla ni okrenuti očima.

Završavala joj je smjena dok je s Monikom raspravljala o natječajima koje su obje pomno pratile. Bio je već kolovoz i vrućine su bile paklene. Upalila je klimu na najjače, iako je već bilo osam sati navečer. Obje su bile uzbuđene zbog traženja posla, a zapravo još ni jedna škola nije objavljivala natječaje jer su bili godišnji, što je njih strašno živciralo.

Monika je radila noćnu. Radile su u istom kafiću, koji bi vikendima bio i disko-klub. Kada je predala smjenu, otišla je u dućan kupiti svom bolesniku nešto grickalica, čokolade, voća i hladnih sokova. Čekao ju je ležeći na krevetu s nogom povišenom na tri jastuka. Čovjek bi pomislio da mu toj nozi prijeti, ni manje ni više, nego amputacija. U maloj kuhinji, u kojoj je svaki djelić prostora bio iskorišten na najbolji mogući način, pronašla je posudice i u njih natrpala grožđe i lubenicu. Zavalila se pokraj njega otvorivši sve prozore da dopre barem dašak vjetra. Zaspala je pokraj njega spokojna i mirna. Istina, bio je čudak, ali bio je njezin čudak. Bio je osoba s kojom su joj prolazili dani i u čijem je društvu istinski uživala. Prije nego što je uopće shvatila, prošla su tri mjeseca u kojima je mogla raditi na studentski ugovor, ali ju je šef odlučio zadržati u kafiću pa je zapravo odrađivala sve isto, samo s drugačijim ugovorom.

*

Nije podnosila četvrtke. Mrzovoljno je listala kalendar i zbrajala koliko još dana ima do Božića te koliko bi još trebala raditi u ovom nesretnom kafiću prije nego što se neka škola udostoji raspisati natječaj i k tome zaposliti baš nju. Živcirale su je mušterije, kolege, živcirao ju je gazda i svi aparati za kavu. Bila je nervozna jer je svaki čas trebala dobiti menstruaciju. Boljele su ju grudi, a jajnici su joj htjeli ispasti van.

— E, eksplodirat ću dok ne dobijem — žalila se Moniki, s kojom je danas bila u smjeni.

— Pa ti još nisi dobila?

— Pa ne, trebam ovih dana — mahnula je jednoj starijoj ženi da ju je vidjela — ta je svaki dan u isto vrijeme naručivala kavu s Ledo šlagom i Pago od grožđa. Kao programirana.

— Mislim, znam da dobivamo otprilike u isto vrijeme, a ja sam dobila prije deset dana...

Nori su se oduzele noge u sekundi.

– Kad to tako kažeš, ja nisam ni računala kad moram točno dobiti. Mislim, imam sve simptome, samo čekam da dođe – požurila je do torbice da izvuče iz novčanika mali kalendar u koji je zapisivala cikluse. Tri je puta računala dok se nije uvjerila.

– Za ime svijeta, Monika! Pa kasni mi osam dana! – panično je računala dane na kalkulator, za slučaj da joj mozak od panike ima problem s osnovnim računskim operacijama.

– Jesi sigurna? – prijateljica joj je izgledala podjednako prestravljeno kao i ona.

– Da! Ali kako je to moguće, pa svaki dan me boli kao da ću svaki čas dobiti! Možda sam se prehladila?

– Moguće, da, ili od stresa, živcirala si se za natječaje i oko ovog posla – pokušala je Monika pružiti slamku spasa.

– Bože, pa ja sam trudna!

– Joj, daj ne drami! Sad si, kao, skužila, ovaj tren? Prvo ćeš napraviti test, pa onda možeš donositi zaključke – otišla je poslužiti ženu koja im je već treći put mahala. Nori je došlo da joj se zaleti do stola i nabije joj Ledo šlag u glavu. Misli su joj letjele kroz glavu sto na sat, a ruke su joj se počele tresti. Isuse i Bože, trudna sam. Mislim, ali kako? Pa svaki dan čekam da dobijem, sigurna sam da su to simptomi menstruacije. Primila se za grudi i stiskala ih, skužila je da je neki tip čudno gleda pa se okrenula od šanka. Pa da, bole me kao lude, svaki čas ću dobiti, ne mogu biti trudna. Da, tako je. Iako mi je bila muka prije dva dana i danas, ali to je moglo biti od bilo čega. U krajnjoj liniji, znalo joj je biti tako mučno i prije menstruacije.

– Ma nisam trudna – objavila je Moniki kad se vratila. Ova ju je upitno pogledala dok je otvarala pivo i sok za neki stariji bračni par.

– Stvarno! Moram dobiti, pa nije to alarmantno još, ako ne dođe ovaj tjedan, napravit ću test. Ali ne mogu biti trudna.

– Slažem se. Uostalom, i ja sam ti to rekla, nećeš je sigurno dobiti od stresa ako se budeš ovako živcirala oko toga. Opusti se.

Naravno da je imala blagi živčani slom još šesnaest puta i naravno da je natjerala Moniku da joj isti taj dan, usput u ljekarni, dok idu doma, kupi test za trudnoću, jer je nju sram i svi će je gledati i znati što je radila. Kao da je nekoga uopće briga za to što kupuje jedna Nora Pomat. I naravno da je sad grizla nokte u njihovoj dnevnoj sobi dok je Monika pokušavala odgonetnuti sam proces testiranja.

– Ovo definitivno ne bi trebalo biti komplicirano! Mislim, pa nije baš da moraš završiti fakultet da bi se znao, s oproštenjem, popišati na komad plastike! Stvar je u njihovim kompliciranim uputama – gunđala je Monika jer su nakon deset minuta njih dvije i dalje sjedile s neotvorenim testom pokušavajući dokučiti uputu. Ni jedna nikada nije radila test pa im je ovo bio pravi izazov.

– Dobro, sve je jasno! – pljesnula je Nora rukama. Bila je u panici, ali i s nestrpljenjem je čekala da se toga riješi.

– Ionako će biti negativan – zaključila je.

– Mora biti. Nema šanse da ne bude.

Popiškila se u čašu u koju je Monika odmah gurnula test.

– Piše da deset minuta pričekamo i tada pogledamo. Ako se pojave dvije crte, kaže da si trudna. Ako bude samo jedna, onda nisi.

Nora je buljila u taj test kao da samom snagom volje želi spriječiti nastajanje druge crtice.

– Što si rekla da znače dvije crte? – glas joj je poprimio kreštav ton.

– Dvije crte su pokazatelj da si trudna, ali pričekaj deset minuta, ne možeš odmah vidjeti.

– Ali vidim! Vidim dvije crte!

Monika je dotrčala do stola na kojem je ta čaša stajala kao neki čudan trofej.

– Nemoguće, pa nije prošla ni minuta.

– A piše li što ako se pojavi prije tih deset minuta? Možda da nije pravilno izveden? – s nadom je ponudila moguće objašnjenje.

– Ne… ne piše nigdje, možda se to podrazumijeva?

Monika je listala te male upute za upotrebu u svim smjerovima kao da ima enciklopediju od tisuću strana. Nora je sjela na kauč i prestravljeno gledala u test u čaši. Monika ju je samilosno zagrlila.

– Možda se ta druga crta makne za deset minuta?

Nora se od muke nasmijala.

– Bože, Monika, ja sam trudna!

Nijemo su se gledale. Naravno da je bio četvrtak, sve loše joj se uvijek događalo četvrtkom. Stvarno nije podnosila četvrtke. Ali stvarno!

*

Ležala je u krevetu i nije htjela izaći iz njega – nikada. Sva sreća da su danas imale slobodan dan. Od muke nije mogla zaspati do pred zoru. Monika joj je cijelo vrijeme pravila društvo. Dogovorile su da će je danas naručiti na hitan ginekološki pregled, onda će valjda znati više. Cijelu noć su čitale forume po internetu i uhvatile se, ne s previše nade, za to da je dosta cura test bio pozitivan ili negativan, a upravo obrnuto je bilo s trudnoćama. Mučilo ju je sto stvari. Nema posao, nije sigurna da će Viktoru biti drago, nisu nikada razgovarali o takvoj situaciji. Zapravo se osjećala vrlo budalasto, s nekim je hodala, spavala i provodila dane već godinu i pol, a uopće nije raspravljala o važnim životnim stvarima. Kad je to tako posložila, bila je sigurna da on to i ne želi, jer inače bi i on potaknuo takvu temu. Dizao joj se želudac od naleta panike. Što će joj reći mama i tata? Nije ona balavica, ali nije ni samostalna, još joj pomažu novčano, radi za minimalac u lokalnom kafiću i čeka posao kao ozebla sunce. Ovo definitivno nije bilo po planu. Trebalo je biti ovim redom, prvo se zaposliti pa odraditi pripravnički staž. Položiti stručni ispit. Udati se i imati tristo uzvanika. Imati najveću bijelu haljinu ikad. Imati kočiju. Imati sve svoje cure iz srednje za djeveruše. Imati ogromnu tortu s dva goluba kako se ljube. Nakon toga ostati trudna i da joj se svi dive. Svi bi jedva čekali tu bebu. Imala bi svoj *baby shower*. I nitko ne bi komentirao kako je neudana i trudna. Kako joj dijete nema tatu ili da se djetetov tata oženio njome samo zbog trudnoće. Sad je već i plakala od muke. Osjećala se tako jadnom i samom da nije znala što da učini. Znala je da može računati na Moniku, ali to je nešto što prolazi sama i s čime se mora nositi sama. U trenutku panike kroz glavu joj je prošao i abortus. To bi bilo najlakše, nitko ne bi znao. Ali čim je na to pomislila, prekorila se. Uvijek je imala jasan stav u vezi s tim. Bila je sigurna da ona to ne bi mogla. Duboko je udahnula nekoliko puta i otišla pod tuš da dođe k sebi. Monika ju je čekala s kavom na njihovoj maloj terasi. Bila je to terasica metar s metar. Na nju su jedva nagurale dva mala stolčića i stolić, ali su ju uspjele oživjeti gomilom boja. Imale su ukrasne roze jastučiće s uzorkom cvijeća, zeleni stolnjak i dvije dugačke viseće tegle cvijeća s puno rozo-ljubičastih pelargonija u njima. Po zidu su bile obješene ukrasne lampice koje bi noću davale poseban šarm, kao i nekoliko ukrasnih roza i zelenih fenjera u koje su se stavljale lučice. Bila je to njihova mala oaza opuštanja i mira. Kako je gledala na sjevernu stranu, većinu dana je bila u hladu od obližnjih zgrada, pa su tu provodile i najviše vremena u ovim vrućim ljetnim danima.

– Zvala sam nekoliko ordinacija. Uspjela sam nas ugurati u jednu, oko podneva će biti mjesta, pa moramo doći, sjesti i čekati. I platiti, naravno – bila je baš obzirna prema njoj, skuhala joj kavu i narezala malo salame i sira da doručkuju. Nora je jedva nešto malo pojela, imala je osjećaj da joj je želudac zgrčen kao kamen. Tko će dočekati to popodne.

Ordinacija je bila u privatnoj zgradi, na trećem katu. Ušle su kroz kućna vrata i odmah vidjele da je to bio privatni stan koji je prenamijenjen u ovu svrhu. Doktor je radio sam. Bio je stariji čovjek, s naočalama, ugodna glasa i izgleda. Nosio je bijelu kutu i rekao im da sjednu i sačekaju dok završi s pacijenticom. Sjedile su u maloj "čekaonici", ako se to moglo tako nazvati. Očigledno je to bio hodnik u koji su stavljene stolice i dvije tegle cvijeća, slijeva su bila vrata koja su vodila u njegovu ordinaciju, zdesna su također bila vrata za koja nije znala kamo vode. Nasuprot njima bio je veliki prozor s pogledom na dječje igralište, a do njega WC. Nora bi dala sve na svijetu da joj on sada kaže kako nije trudna, bio bi joj to najsretniji dan u životu. Pozvao ju je unutra, i dok se skidala iza paravana, bilo joj je muka i nije mogla ni o čemu više razmišljati. Ležala je na stolu za pregled i zadržavala dah.

– Dakle, vi mislite da ste trudni? Sada ćemo pogledati – doktor je bio doista ljubazan i drag. Šutio je dok je pripremao ultrazvuk, namjestio se i počeo je pregledavati. Buljila je skupa s njim u taj crni ekran s ponekom bjelkastom sjenom. Dala bi sve na svijetu da može i sama vidjeti što on to vidi, ovako nije imala pojma što se događa. Gledala je čas u njega, čas u ekran.

– Da… Vidite, ovo ovdje je nešto na što bih svakako posumnjao da je trudnoća. Međutim, još je to malo i ne mogu sa stopostotnom sigurnošću reći to je to. Međutim, ako je test pokazao pozitivno, ja bih svakako rekao da to je trudnoća. Ako mi dođete za tjedan dana, bit ćemo potpuno sigurni – tek tada ju je pogledao i vidio njezin preneraženi pogled. Izgledala je kao da su joj sve lađe potonule.

– Nije to najgora stvar na svijetu, mlada damo. Nemojte biti u tolikom šoku, sve ćemo dogovoriti za tjedan dana – nasmiješio joj se da je ohrabri. Napravila je neku grimasu, nadajući se da barem donekle sliči smiješku i požurila mu platiti da može izaći na zrak.

Vani je šokirano pila sok što ga je Monika kupila. U glavi joj je bio totalni kaos. Znači, to je to, ja sam trudna. Ponavljala si je već valjda pedeseti put. Osim toga, sada to mora reći i Viktoru. Dizao joj se želudac i prijetio da povrati svih pet zalogaja koje je danas jedva ubacila u sebe. Sjedile su tako u tišini na zraku, Monika ju je potpuno razumjela, nije ju davila ispraznim pričama, nije ju pokušavala utješiti bezveznim frazama, samo je bila tu za nju. Doma su došle kada je već bilo kasno poslijepodne. Nora se spremila otići k Viktoru. Do njega je hodala dvostruko dulje nego što bi joj inače trebalo. Cijelim je putem smišljala svoj govor. Osjećala se, a tako je i izgledala, kao osuđenik na smrt. Stala je ispred zgrade i zabuljila se u njegov prozor. Duboko je udahnula i zastenjala. *Ok, to je to, što je najgore što se može dogoditi?*

Viktor je opušteno ležao na kutnoj gledajući neki film na TV-u. Čim je ušla, veselo joj je mahnuo i pozvao k sebi. Grlio ju je i ljubio, tako da je na trenutak zaboravila teret koji je nosila. Pripremio im je večeru. Pripremio je kupovnu *pizzu* doduše, ali i to je bila gesta koju je Nora cijenila. Cijeli stan je tako fino mirisao da joj se želudac oglasio. Kako i ne bi, kad nije cijeli dan ništa pojela. Uzela je komadić, pa još komadić i na kraju pojela pola *pizze* dok si rekao keks. I dalje je bila užasno nemirna, ali njegova prisutnost uvelike ju je smirila. Tražila je pogodan trenutak da mu kaže. Dočekala ga je kad je iskočila reklama Coca-Cole. Znala je da reklame traju dulje nego set filma između reklama, pa je odlučila da će mu sada reći. Kao da bi uopće bilo moguće da nakon takvog razgovora nastave dalje gledati film tamo gdje su stali.

– Sjedi, nešto ti moram reći.

Jao! Kako glupo započet razgovor. Zbilja? Toliko si razmišljala što ćeš mu reći da na kraju spadneš na ovo?

Pogledao ju je s podignutom obrvom i sjeo na stolac ne skidajući pogled s nje. Sada joj je bilo još neugodnije. Najradije bi pobjegla. Možda još i može. Može mu reći da se šalila. Ili da joj je užasno nedostajao. Ili da se već dugo nisu seksali.

Super Nora, zbog takvog razmišljanja i jesi tu gdje jesi. Prestani biti jebena kukavica i gukni.

– *Ok*. Trudna sam.

Iz neba pa u rebra. Zadržala je dah dok je gledala u njegovu facu na kojoj su se izmjenjivali šok, razumijevanje i negodovanje. Srce joj je sišlo u pete. Nijemo ju je gledao i digao se od stola. Laganim je korakom krenuo prema vratima. Čekaj, što? Koji vrag? Buljila je u njega. Prije nego što je primio kvaku, okrenuo se prema njoj.

– U jebote – rekao je to tako tiho da se morala napregnuti da ga čuje i izašao iz stana.

6

Hodao je kao u snu po svom rodnom gradu. Nije zamjećivao pokraj kojih zgrada i kojim ulicama prolazi. Sve mu je bilo kao u magli. Sve mu je bilo daleko i nepoznato. Kao da prvi put gleda u stadion na kojem svaki dan trenira. Kao da prvi put prolazi pokraj autobusne postaje gdje je cijelu srednju školu čekao autobus. Kao da prvi put vidi pekarnicu u koju je svako jutro svraćao po burek s mesom. Ljudi koji su prolazili pokraj njega bili su mu samo mrlje boja u pokretu koje bi možda zapazio krajičkom oka. Srce mu je lupalo duboko u grlu, a u ušima mu je šumilo. Borio se za svaki udah. Iako je bilo predvečerje i zrak se već ohladio, barem do razine podnošljive za život, on je i dalje osjećao kao da mu nedostaje kisika i da će se onesvijestiti. Udisao je duboko i osjećao se kao riba na suhome. Odjednom ga ni noge više nisu slušale, same su ga vodile i pomalo otkazivale poslušnost klecajući. Sjeo je na klupu i podbočio glavu rukama. Nije znao kud bi sa sobom.

Trudna? Nije na to spreman, nije o tome čak ni razmišljao. U njegovoj glavi nije bilo mjesta takvoj pomisli. Djeca su užasna gnjavaža. Nije bio spreman podrediti život nekome. Imao je planove. Planirao je raditi u inozemstvu, proširiti poslovanje, uvući se u svijet biznisa, i stajati uz bok velikih poslodavaca. Htio je slavu, novac i moć. Htio je skupe ručkove i gala večere. Htio je profinjene vikend-odmore i moćne automobile. Htio je sve to dijeliti sa svojim prijateljima. Kvragu, on zapravo uopće nije želio dijete.

Gledao je u neke srednjoškolce kako igraju košarku. Blago njima. Ni brige ni pameti. Zasigurno ni približno onomu što njega sada muči. Kako se to dogodilo? I kako baš njemu? Trebao je biti pametniji. Zapravo, ona je trebala biti! Od silnog tereta koji se srušio na njega, počeo je osjećati bijes prema Nori. Kako si to jedna žena dopusti. Nije li trebala računati one plodne dane? Pobrinuti se za neku kontracepciju? Zapravo, kako su se doveli do toga da ni ne zna kako su se štitili? Čovječe, pa dosad su očito imali su sreće. Možda to još nije sto posto sigurno? Ma zapravo, ne bi mu rekla da nije sigurna. Sigurno ni njoj nije drago. Možda bi htjela pobaciti? Za ime svijeta, nije znao ništa o njezinu mišljenju o tome. Zapravo nije ni važno, pa i on ima neku riječ u svemu tome. Što ako on želi da pobaci? Ne može mu se usprotiviti. Popipao je čelo, imao je osjećaj da ima temperaturu, a niz sljepoočice su mu kapali grašci znoja. Vrtio je misli ukrug, opet. I opet. I opet. Cijelo vrijeme jedno te isto. Panika nije popuštala.

Odjednom ga je sljedeća misao pogodila kao da ga je netko stresao elektrošokerom. Što ako je ona to htjela? Što ako je namjerno to učinila? Pa već je u godinama. Sigurno je o tome razgovarala s prijateljicama. Sve se one žele udati. Možda je mislila da joj je to zadnja prilika. Iskoristila ga je. I sada se smije i naslađuje s frendicama. Tko zna koliki su jadnici tako završili. Vražje žene. Kao paukovi pletu mrežu oko muškaraca. Odmahnuo je glavom, mora se malo smiriti. Digao se i nastavio lutati ulicama. Noge su ga i dalje same vodile. Kao za inat, cijelim je putem susretao parove s kolicima i malim bebama. Kad bi ih vidio, izgledalo mu je kao da su širom otvorile ralje i prijete da ga progutaju. Panično bi prelazio ulicu u nadi da će im pobjeći. Došao je do svoje srednje škole i ušao na igralište iza. Sjeo je na visoki bunar koji je bio u podnožju starog hrasta. Ne zna što je bilo starije, bunar ili hrast, ali oboje je bilo na tom mjestu otkad je škole. Svojevrstan zaštitni znak. Ondje su se skupljali za vrijeme velikih odmora, prije popodnevnih tekmi i večernjih izlazaka. Većinom maturanti. Oni su se svojim statusom izborili za to, a svi ostali «manji» gledali su ih sa zavišću kako se šepire pod odmorima, maštali su i jedva čekali da njih zapadne ta «čast». Buljio je u urezana imena na hrastu. Tri srca. Fran i Vanja u jednome, Ivan i Ivana u drugom, Viktor i Tatijana u zadnjem, najvećem srcu. Mozak mu je odvrtio film desetak godina unatrag. U vrijeme kada je bio maturant.

*

– Drži! – Fran mu je bacio pivo. Bili su zadnji dani u školi, vrući svibanj na izmaku. Više ni ravnatelj nije mogao izaći na kraj s njima, svi su u mislima bili daleko od ove škole. Svi su si bili izrazito odrasli i važni. Čuo je prekrasan, poznati zvuk otvaranja piva i otpio par dugih hladnih gutljaja. Pogledao je svog prijatelja.

– Obično krećemo kasnije?

– Da... obično, ali danas nam treba od jutra – pridružio im se Ivan, njihov treći najbolji prijatelj. Jedan bez drugoga nisu išli nikamo. Zajedno su išli u razred već dvanaest godina. Zajedno su trenirali nogomet. Zajedno su izlazili. Zajedno su lumpovali, a ovo ljeto su planirali i zajedno ljetovati. Zapravo su živjeli u svojevrsnoj simbiozi. Ni dan nije prošao a da se oni nisu vidjeli.

– Gdje si, kućo stara! – opalio je Ivan Frana po leđima i zavalio se pokraj njih. Ležali su u podnožju hrasta dok su se nogama upirali u bunar.

– Gdje je moja piva, druže?

– Već sam ti stotinu puta rekao da se na to neću odazivati. Baš me moraš nervirati odmah. I ovako sam sav sjeban.

– Što je? Vanja te naljutila? – cerili su se Viktor i Ivan provocirajući ga.

– Da bar... nešto još gore.

Ivan je mrzovoljno gunđao i igrao se grančicom crtajući po prašini različite oblike.

– No, pa onda gukni više, što si kao neka žena! Moramo to sad silom izvlačiti iz tebe? – Ivan je bio živac. Viktor se toliko nasmijao da mu je pivo krenulo na nos, deset je minuta kašljao da bi došao k sebi.

– Vanja misli da je trudna.

Muk.

– Što kažeš?

Ivanu se objesila vilica gotovo do poda. Viktor je zastao s limenkom na pola puta do usta.

– Trudna? – ponovio je Viktor za slučaj da nije dobro shvatio. Fran je samo kimnuo glavom i nastavio uporno buljiti u prašinu.

– Ala, druže...

Ivan je naslonio glavu na hrast i zažmirio. Ni jedan ni drugi nisu znali što bi rekli prijatelju.

– Što sad? – pogledavao je Viktor čas jednog čas drugog.

– Ništa. Ne znam. U banani sam, dečki. Ne znam. Što da radim? Nemam novca ni za što. Ako kažem starom, ubit će me, znate kakav je.

Kimnuli su glavom i pogledali se. Jednom ga je stari prebio na mrtvo ime samo zato što se susjed požalio da je kosilicom prešao na njegovu stranu. Fran je danima bio nakazan, prvo crven i krvav, pa ljubičast, pa plav. Kako to već ide. Čak su sumnjali da mu je strgao i rebro. Viktor nikoga u životu nije mrzio kao tog starog nasilnika i pijanca. Mama mu je umrla dok je bio mali i bio je osuđen na tu propalicu. To je bio i jedan od razloga što je sve svoje vrijeme provodio viseći kod Viktora ili Ivana. Nije bilo govora o tome da to kaže starom. Morat će sami pronaći rješenje.

– Čovječe. Pa da skupimo pare za pobačaj? Ja ću tražit starog, reći ću da mi treba za kopačke. Viktor je pogledao Ivana kimajući mu da i on nešto ponudi.

– Ma neće. Rekla je da za to ne želi ni čuti. Želi dijete. Boji se pobačaja.

– Ženit ćeš je?

– Ne znam, dečki. Ne znam ništa. Što da radim s njom? Ona je trebala ići na fakultet. Ja sam i ovako planirao biti ništa. Ali ona je trebala postati netko. Znate i sami kako je pametna.

– Da, sranje. Trebamo se napiti danas, da se malo opustiš. Dođite do mene navečer pa idemo u parkić. Brzo su ustali jer je zvono oglasilo kraj odmora. Šutke su posjedali u svoje klupe svaki u svojim mislima.

Viktor se podbočio i gledao kroz prozor kako vjetar njiše krošnje. Sve o čemu je mogao razmišljati jest kako si je njegov prijatelj uništio život. Čovječe. Nitko od njih nije htio, niti mislio imati bebu. Nitko od njih nije tome bio dorastao niti je sposoban za tako nešto. Uništeni su mu planovi, budućnost. Žalio ga je, iskreno. Na putu do doma šutke su šutali kamenje što im se nalazilo na putu. Nijedan nije htio one druge prekinuti u mislima. Svi su bili u istom raspoloženju.

– Znaš, možda to nije smak svijeta – Ivan je šutnuo kamen u nečije dvorište.

– Kako ne bi bio? – upao je Viktor prije Frana.

– Pa ono. Dugo ste skupa. Niste prvi kojima se to dogodilo. Završili ste školu. Naći ćeš neki posao.

– To sam i ja mislio, neću je sigurno ostaviti na cjedilu.

Viktor je pogledao prijatelja. Nikada mu nije izgledao sumorniji i ozbiljniji.

– Ali opet, propast će ti sve što smo planirali.... – Ivan ga je opalio šakom u rame pa se prekinuo u pola rečenice.

– Koji ti je vrag? – šapnuo mu je. – Šuti, jebote!

– Znam, ali opet, nekako razmišljam. I ovako sam je mislio ženiti. A zamisli, stvorili smo malog čovjeka od nas dvoje. Koliko god me strah, toliko imam i strahopoštovanje. Ako me kužite.

Zapalili su cigarete i razišli se na mostu svatko na svoju stranu.

Viktor je tjedan dana razmišljao o Franovu položaju, i koliko god se trudio, nije vidio ništa pozitivno u tom slučaju. Smatrao je da mu se prijatelj samo pokušava utješiti dok je on bio više za to da se situacija riješi. Nikako se nije htio pomiriti s time da njih trojica više ne bi bili njih trojica, nego bi se tu dodala još neka žena i dijete. Bili su oni društvo, daleko od toga. I on i Ivan su imali cure, njih su tri također bile dobre prijateljice. Međusobno su se družili i zajedno provodili vrijeme. Ali uvijek je na to gledao kao na neku prolaznu avanturu. Nije mogao vjerovati da bi Fran zbilja ostao s njom. Da bi se zatvorio u kuću kao stari bračni parovi i brinuo se o njoj i bebi, da bi radio. Nikada si takvo nešto neće dopustiti. Bilo mu je mrsko i pomisliti na to. Kada bi Tatijana ostala trudna, on ne bi ostao s njom. Premlad je i život je pred njim. Jednostavno nije takav tip. Niti će ikada biti.

– Dečki, lažna uzbuna! – uletio je Fran u garažu, gdje su Viktor i Ivan slagali neki stari motor.

– Nije trudna! Kasnila joj je zbog neke upale – Fran je bio sretan kao malo dijete.

– Pa čestitam, druže! – Ivan ga je pljesnuo po leđima.

– Svaka čast, spasio si se! – Viktor se od srca nasmijao.

– Da, ali bilo bi i to zanimljivo... – Fran se zavalio na stari kauč i digao noge na stol. Bila je to stara garaža Viktorova djeda. Sada je bila iza glavnog hangara u kojemu je njegov otac držao velike strojeve za popravak. Obožavali su tu garažu jer je to bilo njihovo mjesto i nitko ih nije ometao u druženjima.

– Ma kažem ti, bolje ti je tako. Ja nikad ne bih bio spreman na takvo nešto. Grozno.

Viktor se bacio do njega, a Fran ga je pogledao.

– Možda ne za Tatijanu, ali za neku do koje ti je više stalo... vjeruj. To je strah, ali nekako se već pomiriš. Do te mjere, da mi dođe krivo – nacerio se.

– Zamislite da dobijem sinčinu. Jednog istog sebe. Pa, hej, gdje bi mi bio kraj? – druga dvojica su prasnula u smijeh.

– Vidi ga, već se sav raspekmezio za bebu.

– Ne znam što tu može biti smiješno, dečki. Meni je to najgora noćna mora. Viktor je završio raspravu i svaki je prionuo na svoj dio posla oko osposobljavanja motora koji već odavno nije bio u voznom stanju.

*

Trznuo se na zvuk motora. I dalje je sjedio sam kod starog bunara. Samo što je sada bio u svojoj najgoroj noćnoj mori. Sada nije bio Fran tu da ga žali, sada je žalio sam sebe.

7

Ushodala se po stanu kao lav u kavezu. Učinio je najgoru stvar koju je mogao! Mogao je vikati, psovati, plakati, sve bi bilo normalnije od ovoga! Tko to radi? Tko zašuti na takvu vijest i nestane? Nora je bila bijesna. Toliko da mu je prevrnula sve nogometne pehare koje je posložio na improviziranoj komodi pričvršćenoj na zid. Htjela je vrištati. Svako pola minute pogledava je kroz prozor ne bi li ga vidjela kako dolazi. Nije ga bilo već četiri sata. Nije uzeo ni mobitel.

Nije imala pojma gdje je i što mu je u glavi. Koliko je znala, možda se i ubio. Prekorila se. Ne smije tako razmišljati. Nije valjda da mu je pomisao na život s njom toliko mrska da bi se odlučio na tako drastičan korak. Histerično se nasmijala. Monika ju je zvala već nekoliko puta, svaki put bi strpljivo slušala Norine živčane slomove, koji su sad već dostigli dvoznamenkastu brojku. Treba otići. On možda iz grmlja vreba kad će joj dosaditi čekati ga i kad će nestati iz stana. Na kraju krajeva, ako ne želi imati posla s njom, mora čekati da ona nestane iz njegova stana. Možda ga zato nema. Pronašla je svoj ruksak, i tresući se, počela u njega trpati stvari koje je ostavila u Viktorovu stanu. Neće ona njega siliti ni na što. Već će se snaći, poniženja joj je dosta.

Dohvaćala je staru pidžamu, što ju je zagurao na najvišu policu kad je začula vrata kako se otvaraju. Nepomično je stajala u spavaćoj sobi osluškujući – je li to doista čula ili joj se opet pričinjava od same želje da se ta vražja vrata napokon otvore.

– Nora?

Poznati duboki glas. Došao je. Nakon četiri sata pakla, ušao je i zove je kao da je neki sasvim običan dan. Krenula je u dnevnu sobu, ruke su joj se počele još jače tresti. Stajao je s vrećicom iz trgovine.

– Donio sam nam jelo.

– Nisam gladna – jedva je izustila. Došlo joj je da ga fizički napadne. Koga briga za hranu sada! Reci što ti je u toj glavi. Reci zašto te nema tako dugo. Reci što imaš pa da se riješimo ove grozne neizvjesnosti! Od svega toga što je mogla reći, izustila je samo da nije gladna.

– Žao mi je što sam onako otišao. Trebao sam biti sam da sredim misli.

Kimnula je, barem je dovoljno pametan da se ispriča.

– Poludjela sam više. Grozno sam se osjećala.

– Znam, žao mi je. Doista je.

Prišao joj je i primio je za ruke.

– Kako radiš idući tjedan?

– Molim?

Bila je više nego zbunjena. Kog ga vraga sad to zanima? Zašto je to uopće bitno?

– Kad si slobodna, da te preselimo.

Buljila je u njega procesuirajući njegove riječi. Mogla je samo stajati kao oduzeta i nekontrolirano treptati. Nasmijao se.

– Nemoj biti tako šokirana mogućnošću življenja sa mnom.

Nije ga krivo shvatila. On joj doista nudi da dođe živjeti s njim.

– Želiš mi reći da dođem živjeti k tebi?

Kimnuo je.

– Mogao si to odmah reći, a ne da četiri sata gledam što da razbijem u stanu. Ne bi nam ostalo ni namještaja da nisam tako hladnokrvna kao što jesam – odahnula je, a suze su joj krenule same od sebe. Neće je ostaviti samu. Prolazit će sve zajedno i sve će biti u redu.

– Pa, koliko vidim, moji trofeji nisu bili te sreće. Popustila te hladnokrvnost baš kod njih – nacerio se i izvadio im večeru na stol.

*

Pakirala je zadnju kutiju. Monika joj je dodavala knjige koje su pažljivo umatale u novinski papir kao da su od porculana. Od incidenta su prošla dva tjedna. U međuvremenu je bila kod ginekologa koji je potvrdio trudnoću sa stopostotnom sigurnošću. Počele su mučnine koje je jedva podnosila. Doktor ju je utješio i rekao da one prestaju oko 14. tjedna kod većine žena. Ona je bila u 8. tjednu, što znači da je jedva prošla pola, a i nadala se da je u toj "većini" žena, iako je u dubini srca sumnjala u to. Ona je uvijek bila posebna u svemu. Nju čak te mučnine nisu spopadale ujutro, kao većinu žena, nju je to mučilo i noću i danju. Ponekad toliko da joj nije bilo do života.

Večerajući taj kobni dan, odlučili su da će se useliti k Viktoru. Roditeljima će reći kada sve bude gotovo. Tako jednostavno rješenje, a oduzelo im je godine i godine života zbog živciranja. Razmišljajući sada o tome, osjećala se smiješnom. Zašto je i pomislila da bi je on ostavio na cjedilu. Dobar je čovjek, da nije, ne bi ni bila s njim, a konačno, to je i njegovo dijete.

– Ne zaboravi svoju deku. I, molim te, uzmi onu nakaradu od cvijeta što izgleda kao da je mrtvo već desetljećima.

Monika je jurcala po stanu jer nije dala Nori da podigne išta teže od šalice za kavu.

– Ne želiš da ti ostane za uspomenu? – zezala ju je.

– Kakvu uspomenu? Odlaziš na deset minuta hoda od mene. Isti tren kada mi počneš nedostajati, eto me na vrata.

Skočila je do nje i podragala joj trbuh.

– Ili dođem po svoje kumče da ga spasim od ludih roditelja.

Nora se od srca nasmijala. Koliko god bila sretna i uzbuđena zbog početka novog poglavlja u svom životu, toliko je bila i nostalgična za životom s Monikom. Godinama su jedna drugoj bile sve. Navikle su se jedna na drugu i nije joj bilo lako sve to zaboraviti. Monika kao da joj je čitala misli.

– No, no. Nećemo cmoljiti. Znaš tko će biti najsretniji što ideš? Mačak, napokon će imati tvoju sobu za sebe.

Smijale su se. Stvari koje su zajedno kupile Nora je ostavila Moniki, iako je ova inzistirala da ih uzme. Znala je kakav je ovaj stan bio rupa bez toga svega, a Viktorov je novonamješten. Mogla je bez svega toga, iako su bile uspomene. Poskidala je samo svoje slike s ormara. Bile su nalijepljene na oba krila, gomila slika s dragim joj ljudima i situacijama.

– Mislim da je to to – pljesnula je rukama.

– Sve ću pregledati. A ako si šta zaboravila, taj čas ti stiže na vrata. Viktor je taman pozvonio da im pomogne nositi stvari.

– Evo me, moje dame. Spreman sam biti nosač prtljage.

– Dugo te i čekamo.

Monika mu vjerovatno nikad neće potpuno oprostiti za ona četiri sata pakla koje je njezina trudna prijateljica morala proći.

– Za iskupljenje sam donio sladolede. Trudnice prve biraju.

Tu večer su se oboje osjećali posebno. Već je puno puta prespavala kod njega, ali ovo je bilo drugačije. Prvi put je to bilo stvarno. Prvi put je to bio njihov stan. Zakrčen kutijama, ali tu će provoditi sve svoje vrijeme, tu će doći s bebom i biti obitelj. Dugo u noć ležali su i razgovarali o svemu. Ni jedno ni drugo nije moglo zaspati od uzbuđenja. Napravili su veliki korak, a osjećali su se tako dobro. Sigurno se čovjek osjeća tako kad radi dobru stvar.

– Idem u tvrtku samo nešto riješiti, ti se polako spremi. Mama je rekla da je ručak u 13 sati. Viktor ju je poljubio u čelo. Danas su dogovorili ručak s njegovom mamom i tatom. Nora će ih tek upoznati i reći im da je trudna. Imala je malu tremu s obzirom na to da je znala da su izrazito tradicionalni, pa nije znala kakvu reakciju očekivati. Jučer su nazvali njezine i rekli im sretnu vijest. Bili su presretni. Nije znala komu je draže, mami ili tati. Nisu se uopće zamarali time što je premlada i što nema posao. Puna su im usta bila unučeta i što će sve oni za to unuče činiti. Obećali su im gomilu podrške i pomoći. Mama ju je dvadeset minuta opsjedala savjetima kako da ublaži mučnine i što treba jesti. Iako je znala da će njezinima biti drago i da neće osuđivati, svejedno su je zapanjili s toliko oduševljenja i sreće. Doista je imala najbolje roditelje na svijetu. Ohrabrena njihovom reakcijom, danas je lakše išla na ručak k njegovima.

Obukla je laganu ljetnu haljinicu na cvjetiće. Njegovim je roditeljima kupila cvijeće i kavu. Oboje su bili uzbuđeni kada su kucali na vrata. Dočekala ih je mama Vesna. Bila je sređena žena, vidjelo se da drži do sebe. Imala je frizuru i šminku, kao i komplet koji je odgovarao njezinim godinama i vitkoj liniji. Držala je određenu distancu prema Nori, ali i prema Viktoru. Tata Mate je, pak, bio dobroćudni medo. Okrugao i sijed, crvenog lica, bio je glasan i nasmijan. Oboje ih je izgrlio i izljubio i poveo prema stolu.

Kuća im je izgledala prekrasno. Sve u njoj bilo je potpuno novo, ali uređeno u nekom tradicionalnom stilu koji Nora nije mogla do kraja definirati. Dnevna soba bila joj je najbolja prostorija jer je imala velike prozore koji su unosili toliko dnevnog svjetla da si imao osjećaj da sjediš vani na dvorištu. Imali su trosjed, dvosjed i fotelju sive boje s plavim ukrasnim jastucima usmjerene prema velikom TV ekranu.

U sredini je bio tepih plave boje i na njemu maleni stolić na kojem su bili pravilno poredani daljinski upravljači i zdjela s voćem. Na zidu iznad dvosjeda bio je veliki zidni sat koji je izgledao kao iz muzeja. Smeđe boje, i to iste nijanse kao stolić, s dvije velike kazaljke s mnogo sitnih detalja koje su kružile po nečemu što je Nori izgledalo kao staro požutjelo slikarsko platno. Nora ga je toliko dugo promatrala da se Mate u sred svoje rečenice okrenuo prema njoj i rekao da je to bio sat koji je njegova mama donijela u kuću kao miraz. U njihovoj je obitelji bio već godinama.

Ručak je bio raskošan i ukusan. Vesna je pazila na svaki detalj. Od salvete do položaja noža. Još jedna crta njezina karaktera, perfekcionistica. Ovu će biti teško impresionirati, razmišljala je Nora. Nakon ručka sjeli su na terasu kako bi popili kavu.

– Došli smo vam reći da čekamo bebu. Nora je trudna.

Viktor je smatrao da okolišanje nikomu nikada nije olakšalo. Njihove su face bile ono što je vrijedilo vidjeti. Vesna je izgledala kao da je progutala žličicu za šećer kojom je upravo miješala svoju kavu. Onako uštogljena i mršava, samo su joj se oči učetverostručile. Mate je pljeskao rukama kao malo dijete još se više zacrvenjevši u faci, ako je to uopće moguće.

– Bome ste nas iznenadili, sine. Čestitamo!

Prvi je progovorio tata. Iako je bio vidno iznenađen, nije skrivao koliko mu je drago. Na Vesni se pak i dalje vidjelo samo koliko je zapanjena, ni jednu drugu emociju nije pokazivala.

– Mama, ti nećeš ništa reći?

– Da... Pa jako ste nas iznenadili. Mislim, sve je to tako brzo, tek smo upoznali Noru, ali lijepa vijest, svakako – uspjela je procijediti između gutljaja kave. Zanimljiva žena.

– I samima nam je tako. Ali smo presretni – Viktor je primio Noru za ruku smiješeći joj se. To ju je ohrabrilo.

– Sada treba odmah organizirati vjenčanje. Najbolje bi bilo da odmah kontaktiram svećenika. Imamo kućnog prijatelja, on će to razumjeti i izvući najbolje što može iz ove situacije.

Vesna je ustajala od stola po mobitel.

– Mi još nismo razmišljali o svatovima, mama.

– Molim? Nego što ćete?

– Mislili smo prvo polagano, nismo još o tome razgovarali – umiješala se Nora.

– Draga, nećete valjda živjeti u grijehu?

Vesna ju je gledala kao da je noćni leptir koji se bezglavo zalijeće u lampu koja će ga svaki tren spržiti.

– Samo nismo još odlučili, stignemo. Sada imamo...

Prekinula ju je u pola rečenice.

– Nemate što odlučiti. Tako mora biti. Nije mi uopće jasno o čemu se tu ima razgovarati. Ja ću sve srediti.

Digla se i nestala u kući. Nora i Viktor su samo uzdahnuli, dok im je Mate natočio malo šljivovice da nazdrave. Nori je odmah bilo jasnije od čega se toliko crveni u licu. Ostatak popodneva proveli su u napetom i nategnutom razgovoru. Tata Mate sve je više točio, a mama Vesna bila je sve odsutnija. Nora je jedva dočekala da dođe vrijeme polaska. Ovo druženje nikomu neće biti u top pet najbolje provedenih obiteljskih trenutaka, bila je sigurna.

Drugi je dan nazvala svoje da im kaže kako je prošlo upoznavanje. Mama je jedva čekala da čuje kako je bilo. Sirota je valjda od jutra sjedila kraj mobitela da ne bi propustila poziv.

– Jesi ih očarala? Koga moja divna kći ne bi očarala? – cvrkutala je u slušalicu.

– Skoro pa jesam – nasmijala se.

– Što su rekli?

– Mislim da im je drago, malo su iznenađeni.

– Ma nema veze, kad dođe beba, proći će ih iznenađenje. Kad vide te male okice i nogice, odmah će se zaljubiti.

Mama joj se na spomen bebe sva raznježila.

– Nadam se. Odlučili smo da ćemo se vjenčati.

S druge je strane nastao muk.

– Niste dosad o tome ništa govorili.

– Nismo, da, ali njegovi su tradicionalni i mislimo da je tako najbolje.

Očito je bila na razglasu jer se sada i tata uključio.

– Samo ako i ti to želiš, kćeri. Ne moraš ništa što ti ne odgovara.

– Znam, tata, želim i ja. Volim Viktora i mislim da je to dobra odluka.

– Ako je tako, draga, imaš našu punu podršku.

Završila je razgovor gledajući kroz prozor.

Da, želim. Tako je najbolje.

8

Probudila se u četiri ujutro i noćas je to bilo šesti put. Vražje pišanje. Mora na WC svakih pola sata. Što će tek biti kada trudnoća poodmakne? Trbuh jedva da se vidi, a mjehur tako neizdrživo stišće. Viktor je pokraj nje spavao kao zaklan. Došlo joj je da ga prodrma, čisto zato da i on vidi kako je kad ne možeš spavati. Prošla je 14. tjedan i sutra, to jest danas, idu na pregled kod ginekologa. Nadala se da će im možda otkriti i spol. Dosta joj je bilo Viktorovih strina i susjeda koje su sve odreda imale svoju teoriju što nosi s obzirom na to kako se češe, kojom rukom pije, kako izlazi iz automobila ili otvara vrata. Nevjerojatno da i dandanas te žene misle da nešto od tih ludorija koje govore ima veze sa zdravim razumom.

Viktor se probudio malo prije devet sati, taman na vrijeme da Noru nađe kako sjedi i plače pred televizorom.

– Što se dogodilo?

U panici je skočio pred nju, ova je pak jecala toliko da nije mogla suvislo složiti rečenicu.

– Nora! Što ti je? – tresao ju je za ruke.

– Ovo je tako tužno! Mama...mu...ne da...da...se...oženi...s...kime želi... – izgovarala je riječ po riječ između ispuhivanja nosa. Viktoru je trebao trenutak da shvati kako govori o filmu koji gleda. Čuo je da trudnice imaju promjene raspoloženja, ali sada kada je to doista i doživio, nije znao kako se ponijeti. Te su žene doista čudnovata bića.

– Ljubavi, pa nemoj se tako uzrujavati zbog filma.

– Ali on je princ. On može biti s kim god mu srce želi. I ona njega voli. I ona ga je sad još i ostavila.

Nije imao blage veze o čemu govori jer mu ništa nije imalo smisla. Odlučio se za drugu taktiku.

– Pripremit ću nam doručak, ljubavi, istuširaj se da dođeš k sebi, pa idemo doktoru.

Hvala Bogu da je hrana u zadnje vrijeme uvijek palila. Doduše, neobične kombinacije, ali tko je on da sudi jednoj ženi koja u sebi nosi još jedno ljudsko biće.

– Imao si pravo, trebao mi je tuš.

Izašla je iz kupaonice za petnaest minuta kao druga osoba. Sada se smijala i šalila kao da prije toga nije ispuhala pola paketa maramica od plača.

– Samo za vas, kuhana jaja i ajvar – donio je pred nju lijepo dekoriran tanjur. Ajvar je jela žlicom. Sam.

Stajao joj je do glave dok im je doktor pokazivao na ekranu gdje su nogice i rukice, gdje je glava, želudac i kako beba stoji. Nora u početku uopće nije vidjela to na što ih je doktor upućivao, ali s obzirom na to da je Viktor tako važno kimao glavom, nije htjela ispasti gluplja od njega. Njoj je bilo dovoljno što je čula srce kako lupa i što vidi da se beba pomiče. Viktor je pak bio pun pitanja, Nora je bila sigurna da će doktor požaliti što daje očevima da prisustvuju tim pregledima.

– Spol uvijek ostavim za kraj jer roditelji do tog trenutka ipak i slušaju ostalo što govorim. Ako kažem spol prerano, ništa od pregleda više tako intenzivno ne doživljavaju.

Viktor i Nora su s iščekivanjem gledali u ekran.

– Što mislite što je?

– Curica – ispalio je Viktor kao iz topa. U posljednje vrijeme često je znao izraziti želju za malom princezom. Nora je na to podivljala jer ako bude sin, ispalo bi kao da ga nisu htjeli.

– Rekao bih da je... curica. Naravno, morali bismo još malo sačekati kako bismo bili sto posto sigurni, ali po ovome bih rekao da nije dečko – nasmijao im se i čestitao.

Ostatak toga dana proveli su po trgovinama kupujući stvari za bebu. Nisu mogli odoljeti maloj robici. Pregledavali su kolica i krevetiće. Bili su toliko uzbuđeni oko svega da je Nora mislila da će joj se srce raspuknuti od sreće. Viktor je odabrao nekoliko haljinica s rozim i ljubičastim tilom. Nora je umirala od smijeha zezajući ga da će mu sin to nositi ako doktor nije dobro vidio, na što je ovaj samo frktao nosom kao da ga se to ne tiče.

Svatove nisu dugo planirali. Njegovi roditelji, ili bolje rečeno mama, inzistirali su da to bude što prije dok se ne vidi trbuh. Noru to nije zabrinjavalo jer su ionako odlučili da će imati samo roditelje i kumove pa joj nije bilo važno vidi li se ili ne. Znala je da svi koji su joj važni znaju da je trudna. Mama Vesna baš se jako uključila u organizaciju, dogovorila je svećenika i restoran. Nora je uspjela jedino intervenirati u izbor hrane, i to djelomično, ostalo je nametnula ona. I mama i Monika su ju pitale nije li htjela veće vjenčanje, s pravom vjenčanicom i velikim brojem ljudi. Nekada je možda i htjela, sada joj to i nije bilo tako važno. Barem si je tako govorila, jednostavno je i sama znala da je ovo najbolji način.

Sada su sjedili u restoranu, njih osmero. Marija i Monika divile su se pogledu na Dravu, dok je Stjepan promatrao peć na drva ugrađenu u zid. Okružena ciglama, cijelom je prostoru davala neku rustikalnu notu i ostavljala dojam luksuza. Upravo se poslužila juha i svi su međusobno razgovarali i smijali se. Nora je na sebi imala dugačku bijelu haljinu, više nalik na večernju nego na vjenčanicu, ali svejedno je izgledala jako lijepo. Tata joj je nekoliko puta napomenuo da izgleda kao princeza. Obred vjenčanja prošao je brzo i nije mogla reći da joj se nije svidio. Njihov prijatelj svećenik bio je baš onakav kakvi svećenici moraju biti, dobar i pun ljubavi. Održao je doista lijepu propovijed vezanu uz obred. Dogovorili su se da će krstitke biti veće i svečanije te da će on voditi i taj obred. Nakon svečanog ručka u restoranu, koji je dosta dugo i potrajao, Norini mama i tata pošli su s njom i Viktorom u stan, gdje su se dogovorili da će prespavati, da ne voze kasno za Kutinu. Dugo u noć razgovarala je s mamom dijeleći iskustva u vezi s trudnoćom i porodom. Mama joj je sto puta pomazila trbuh i ljubila ga. Pričala joj je kako se osjećala kad je saznala da nosi nju i kako je imala teži porod, ali da bi za nju sve izdržala. Pričala joj je kako ništa na svijetu nije toliko lijepo i toliko veličanstveno kao kada primiš tu malu bebu nakon poroda i ona te pogleda okicama onako nemoćna i u svemu ovisna o tebi. Jednostavno je odmah zavoliš. Ne može ti je nitko zamijeniti, zaboraviš i na bol i na muku. Nora ju je sva sretna slušala i upijala svaku njezinu riječ. O takvim stvarima možeš razgovarati samo sa svojom mamom. Mamu ti nitko ne može zamijeniti.

*

— Nikad ne bih rekla da ćeš se ti prva udati.

— Sofija je taman završila sa svojim pićem i već mahala konobaru da donese drugo.

— Da, slažem se. Ja nikad nisam mislila da će se neka od nas udati, a da ostale neće biti prisutne — pomalo tužno odmahivala je Nora glavom.

— Zanimljivo je kako te život vodi svojom strujom, htjele mi to ili ne.

*

Medeni mjesec Viktor je organizirao kao iznenađenje. Uplatio im je izlet u Istru. Istina, nekoliko dana nakon svadbe, ali tko broji. Bio je tako romantičan i drag da se Nora sva topila. Imali su plaćena tri noćenja u Rovinju i organizirane izlete u Pulu i okolne gradiće. Bila je veljača i dosta hladno, ali bilo je to prekrasno iskustvo. Nikada nije obilazila morske gradove zimi i sve joj je izgledalo kao iz bajke. Svaki dan su izlazili u restorane na ručkove i popodne u šetnje i barove. Viktor se pripremio kako bi je mogao odvesti u restorane s najboljim ocjenama kojih je u Istri bilo mnogo. Uživala je u degustiranju i isprobavanju novih kombinacija okusa i zaključila da se definitivno zaljubila u tartufe. Obilazili su znamenitosti i plaže. Nora je poželjela da tu i ostanu neko vrijeme jer su bili sami. Nije bilo njegovih da dolaze dijeliti savjete. Nije bilo njegova posla da mora otići. Nije bilo njezine panike oko natječaja i zašto je nijedna škola ne zove. Jednostavno su bili samo njih dvoje. Kao na početku. Viktor joj nije mogao dovoljno zahvaliti što je pristala na manje vjenčanje i što je prihvatila njegove takve kakvi jesu. I sam je bio svjestan kako je njegova mama osoba koja se voli nametati i doista bi mu bilo teško da su sada prolazili svađe i rasprave. Nori je sada najvažniji bio on i njihova beba, njihov mir i sreća. Osjećala je da zajedno mogu sve i da ne postoji ništa na svijetu što bi to promijenilo. Imali su jedno drugo i to je bilo dovoljno.

Bila je dobra trudnica, ako se Noru pitalo. Viktor bi se složio samo ako ona sluša. Imala je zanimljive želje kojima bi on uvijek bez pogovora udovoljavao koliko god bile čudne i nerealne. Znala ga je natjerati da po cijelom gradu traži slance bez soli ili maline kojih još nije bilo. Njemu nikad nije bilo teško, imao je za nju razumijevanja i želio joj je pomoći i olakšati na koji god način.

Jedva je dočekala sezonu voća. Toliko je cijelu trudnoću željela trešnje i jagode, maline i kupine, lubenicu i dinju, da je bila sigurna da će joj kći biti neki veganka. Kada su došle trešnje, bila je trudna već sedam mjeseci i trbuh joj je stvarno bio velik. Jednom se toliko prejela da je jedva disala i bila je sigurna da je zdrobila dijete. Sljedećih sat vremena ležala je na kutnoj pokušavajući nagovoriti kćer da se ritne ili pomakne, čisto da se uvjeri da je dobro. Živcirala se oko dobivenih kilograma jer je smatrala da je dobila previše. Viktoru je bila toliko slatka tako okrugla, da ju je mogao samo grliti i ljubiti non-stop. Sada je već osjetio kćer kako se rita. Znao bi sjediti satima i dragati trbuh te mu pričati i pod rukom osjetiti meškoljenje i pomicanje. Uvijek je bilo nešto malo i tvrdo pa su obožavali pogađati koji bi dio tijela to mogao biti. Polako su pripremili krevetić i nabavili kolica. Mama je pomogla oko pranja i peglanja robice jer su joj vrućine jako teško padale u ovoj visokoj trudnoći. Noćima nije spavala, nije mogla pošteno disati, mučila ju je žgaravica, kao i bol u trbuhu koji se rastezao. Ponekad bi je uhvatila panika zbog poroda ili svega onoga što ih čeka nakon što im se beba rodi. Satima je sjedila, pričala i pjevala svome trbuhu. Jednostavno je bila opčinjena čudom koje joj se spremalo dogoditi.

9

Sve je bilo spremno za još jedno filmsko popodne, a danas je bio Norin red. Zapravo, kada malo bolje promisli, zadnjih šest mjeseci svaki je put bio njezin red za biranje filmova. Ima tih nekih stvari što ih Viktor radi, koje ona i ne primijeti, a prekrasne su. Osjećala je ponovni učinak hormona koji samo pojačavaju činjenicu da ga točno u ovoj sekundi voli više od ikoga na svijetu. I to zato što već šest mjeseci gleda filmove koji su mu potpuno glupi.

– Što gledamo? – pitao je kao da ne zna da mu je pripremila još jednu emotivnu, romantičnu komediju ili dramu.

– *The Fault in Our Stars* – rekla je i progutala knedlu.

– Molim te, nemoj mi reći da već plačeš.

– Pročitala sam o čemu se radi. Prekrasan film.

– Evo onda i prekrasne kokice. Možemo – rekao je Viktor, sjeo pokraj nje i stavio joj stopala u svoje krilo. Počeo ju je lagano masirati i pustio film. Dugo je već bio potpuno svjestan svoje ljubavi prema njoj. Bilo mu je jasno da bi za nju učinio apsolutno sve na svijetu.

Znao je da i ona njega voli u istoj mjeri i to mu je pružilo razinu sigurnosti koju dosad nije osjetio. Osjećaj kada te za sebe izabere netko poput nje. I sada još nosi njegovo dijete. Ništa drugo nikada nije bilo važno kao to.

— Nora? Nešto je mokro na kauču. Jesi možda trebala na WC?

— Ti mene smatraš idiotom? Vjerojatno se nešto prolilo – ustala je i gledala što se događa. Odjednom je shvatila da su joj i tajice mokre.

— Ajme, Viktor, popišala sam se. Dosta mi je ovo trudnoće, postala sam totalna budala.

Osjetila je tekućinu niz cijelu nogu. Okrenula se prema kupaonici, ali nije došla daleko. U trbuhu je osjetila nešto kao grč, samo jači nego ikada prije. Nekoliko trenutaka poslije ponovo grč. Primila se za trbuh, a Viktor je već bio na nogama.

— Pa tebi je pukao vodenjak.

Njihovim je mozgovima trebalo manje od sekunde da percipiraju što se događa, ali se činilo kao godina. Nora je počela duboko disati kao da je tijelo priprema na ono što slijedi, a Viktor je počeo trčati po stanu. U spavaćoj je sobi odmah kraj vrata stajala spremna torba za bolnicu. Prvo je uzeo nju, na šanku su mu ključevi, a na balkonu je ostao mobitel. Gdje je novčanik? U jakni je u hodniku. Trčao je s jedne strane hodnika na drugu. Pokušavao je uzeti sve što je potrebno, dok je Nora sa strane samo disala, uvjeravajući se da se sve ovo upravo počelo događati.

— Molim te, Viktor, pokupi tu vodu po podu.

— Ozbiljno mislim da to sad nije tako važno. Idemo. Imam sve sa sobom. Samo polako – primio ju je pod ruku i drugom rukom držao trbuh.

Nora se okrenula prema njemu i nježno ga poljubila u usta. Pokušavala ga je smiriti tako da mu pokaže da je ona u redu i da će sve biti u redu.

– Ovo nam je objasnio doktor. Imamo puno vremena, pa ću se ja ići oprati na brzinu i obući, a ti pokupi tu vodu po podu. Samo ćemo se lijepo smiriti – govorila je kao da smiruje i njega i sebe. Istuširala se u roku od 15 minuta i obukla za bolnicu. Cijelo je vrijeme osjećala nervozu, ali toliko je stvari pročitala, proučila i izgnjavila doktora da je znala kako će ovo trajati satima.

Uzeli su sve stvari koje su već davno bile spremne i krenuli prema automobilu. Viktor ju je nježno smjestio na suvozačevo mjesto, bacio torbu na stražnje sjedalo i sjeo za volan. Nikada u životu nije bilo toliko usredotočen na cestu. Sada je došao red na Noru da počne paničariti.

– Viktor?

– Evo uskoro smo stigli.

– Ja ovo više ipak ne bih. Strah me. Molim te, idemo doma.

– Srećo, mislim da to neće upaliti. Sve će biti u redu.

– Ti to ne znaš i nemoj govoriti gluposti kad ne znaš. *Ok?*

– Znam taj dio. Sve će biti u redu. Sigurno – položio joj je ruku na trbuh. – Obećavam.

– Evo ga opet – Nora se primila za trbuh i dala Viktoru znak da mjeri razmak između trudova.

– 15 minuta.

Noru je bilo strah i on je to na njoj vidio.

Uključio je radio. Služio se jeftinim trikovima kojima joj je uvijek uspio izmamiti osmijeh na lice. Ako je i u što mogao biti siguran, onda je to bilo da ju je znao nasmijati. Dok je Nora koncentrirano disala, u pozadini je počelo svirati Aviciijev *Wake me up.*

– Kako prikladno – rekla je Nora i nasmijala se.

To je to. Sve je u redu kada se ona nasmije.

Od Ulice Martina Divalta do bolnice trebalo im je sedam minuta. Viktor je stao točno kod ulaza i brzo uveo Noru unutra. Čuo je da za njim netko viče da makne auto i samo je u prolazu rekao da se vraća odmah. Medicinska sestra na šalteru rekla im je da malo sjednu i da će ih pozvati.

– Vi se šalite ili…? Shvatili ste ovaj dio da ona rađa?

– Ne šalim se. Sjednite i sada će netko doći po nju.

Dok se Viktor i dalje bez riječi čudio tim uputama, Nora je krenula prema slobodnoj stolici. Pomogao joj je sjesti i ubrzo se pojavila druga medicinska sestra. Prozvala je Noru i krenule su prema sobi. Viktor je krenuo za njima, ali mu je sestra rekla da dalje ne može. Stigao je samo poljubiti Noru i šapnuti joj da će sve biti u redu i da je čeka tu. Gledao je za njima kako nestaju u hodniku i osjećao najčudniju kombinaciju osjećaja ikada – strah, uzbuđenje, brigu, sreću i nemoć, sve u jednom jedinom osjećaju. Čuo je kako ona dražesna osoba na šalteru viče i krenuo van maknuti automobil s ulaza.

Noru su uveli u sobu i smjestili na krevet. Uspjela se isključiti do te mjere da je samo disala. Toliko je pažnje posvetila toj svakodnevnoj radnji da je imala osjećaj da je jedino ta koncentracija drži na okupu. Doktor ju je pregledao i rekao da je sve u redu, ali da se pripremi na nekoliko sati trudova. Mora se još otvoriti, kako bi je mogli prebaciti u rađaonicu. Pitali su je želi li da pozovu Viktora da bude s njom dok ne bude morala ići. Za nekoliko minuta Viktor je stajao kraj njezine glave i držao je za ruku.

Prošla su dva sata i Viktor je još računao razmak između trudova. Svaki put kada mu se učinilo da Noru trud boli jače, pošao bi po sestru.

– Sestro, možete li doći, molim vas? – panično ju je pozvao kada je vidio da hoda po hodniku.

– Naravno – odgovorila je već pomalo sarkastično jer je znala što slijedi. Tijekom godina naučila je da očevi, i to posebno oni koji će to postati prvi put, nemaju nikakav osjećaj za ono što im ona ponovi barem 15 puta.

– Mislimo da je to to. Trudovi su svakih 12 minuta – rekla je Nora kada je sestra došla do njezina kreveta.

– Da, i počela je teško disati nekako – ubacio se Viktor.

– Aha, *ok*. Prvo, teško diše jer ima trudove. Bude to još i teže – rekla je Viktoru najmirnije što to može osoba koja im je to rekla i prije deset minuta.

– Mama, daleko ste vi još od poroda. Ovaj dio traje i po deset sati. Znam da je teško i novo, ali pratimo vas – rekla je Nori u nadi da će ona zapravo zabraniti Viktoru da je zove za svaki pokret. Nije pomoglo.

Viktor je Noru pokušao opustiti pričanjem i nasmijavanjem, ali kako je vrijeme prolazilo, bilo joj je sve manje zabavno. Već su pet sati bili u predrađaonici i imala je osjećaj da samo želi kratko odspavati. Trudovi su bili sve bliži i Viktor je sve češće zvao sestru. Objasnila mu je da se mora smiriti, da imaju nekoliko trudnica koje su puno bliže porodu i da na sve paze, ali da ne može svakih pet minuta dolaziti do njih. Da je imala snage, Nora bi mu rekla da se smiri i da prestane ljutiti sestru jer treba što više njih na svojoj strani. Ali i ona se bojala. Sve joj je bilo novo, i isto kao i Viktor, svakih je deset minuta mislila da je beba krenula van, a da nitko od doktora to nije doživio.

Nakon nešto više od šest sati trudova, u 21.13 medicinska je sestra pozvala doktora. Pregledao ju je i odlučio da je vrijeme za rađaonicu. Viktora su poslali u čekaonicu, a Noru su počeli pripremati za porod. *To je to. Ovo se sad jedino računa, Nora*, govorila je u sebi kako bi smanjila strah koji je počela osjećati. Smjestili su je na stol, a trudovi su se pojačavali. Okružena nepoznatim ljudima, u strahu i bolovima, Nora je osjećala kako gubi snagu. Medicinska ju je sestra vodila kroz porod, vikala na nju i tjerala je da tiska. U pola poroda htjela im je svima reći da prestanu i da bi bilo dosta. Ako dijete neće van, neće. Neka ostane unutra i dobro. Za svako je tiskanje imala osjećaj da izvlači posljednji atom snage. Ali svaki bi put ponovno uspjela. Nije imala pojam o vremenu jer nije znala kako izgleda kada se porod bliži kraju. Medicinska je sestra položila dijete Nori na prsa. To je osjećaj za koji ne postoje riječi. To je veza koja je za cijeli život. Neraskidiva i snažnija od ičega na svijetu. Nakon četiri sata, točno u jedan sat i 27 minuta poslije ponoći, na svijet je došlo jedno prekrasno malo stvorenje koje će uskoro mnogima promijeniti živote.

*

Viktor je sva četiri sata hodao po čekaonici. S vremena na vrijeme pokušao bi sjesti, ali to ne bi dugo potrajalo. Zid čekaonice u osječkom rodilištu bio je potpuno ispisan. Na zidu sreće, kako su ga zvali, bile su stotine imena djece koja su ovdje došla na svijet. Svjedočio je jednom od najsnažnijih osjećaja svakog roditelja. Viktor je razmišljao o tome gdje se sada nalaze sva ta djeca. Što su postala ili će tek postati? Kakvi će ljudi biti? Kakvo će biti njegovo dijete? Nije baš neka fora ako kao roditelj zezneš taj dio odgoja koji određuje kakav će tvoje dijete jednoga dana biti čovjek. Osjećao je strah i uzbuđenje. Brinuo se za Noru i molio da sve prođe u redu. Uopće nije primijetio kada je počeo, ali u jednom je trenutku, gledajući imena na zidu, shvatio da se moli. Nekoliko minuta poslije, medicinska je sestra došla u čekaonicu s najljepšim malim smotuljkom koji je u životu vidio. Rekla mu je samo da je može na brzinu vidjeti i da je nose dalje, a on je osjetio suzu na svome licu.

— Kako mi je žena? —

— Umorno, ali dobro. Cure su bile super.

Morao je pričekati neko vrijeme, ali uspio je nagovoriti osoblje bolnice da ga samo nakratko puste k Nori u sobu. Prišao je njezinu krevetu i nježno je poljubio u čelo. Bila je umorna i jedva je držala oči otvorene, ali on joj je morao samo nešto reći prije nego što ode doma.

— Nora, vidio sam je. Nikada u životu nisam vidio ništa ljepše. Ista je ti. Volim te i hvala ti što si me učinila tatom – nije uspio do kraja izgovoriti jer su suze ipak učinile svoje. Nora ga je povukla za majicu i nježno poljubila. Bila je sretna i zaljubljena u svoj život. U svoga muža. U svoje prekrasno dijete. Bila je zaljubljena u ljubav.

Viktor je pričekao kraj njezina kreveta da zaspi, a zatim je otišao doma. Javio je Norinim roditeljima da su upravo postali baka i djed jedne predivne male djevojčice. Marija nikada u životu nije čula bolju vijest. Nazvao je i svoje roditelje i rekao da je na putu k njima. Nazvao je i Moniku. Nazvao je zapravo svakoga koga se sjetio. Ovakvo nešto svi moraju znati. On je postao tata!

Parkirao je pred ulazom i čuo glasnu glazbu čim je izašao iz automobila. Prošao je kroz kuću na dvorište s druge strane i vidio svoje prijatelje i roditelje okupljene oko vatre na kojoj se okretao odojak. Pili su i plesali uz tamburaše iz susjedstva. Mama ga je prva zagrlila i čestitala mu. Bila je izvan sebe od sreće, a svog je tatu prvi put u životu vidio da plače. Tata je bio taj koji je u sat vremena skupio sve što treba kako bi se dolazak svoje unuke na svijet proslavio onako kako priliči.

Prema starom običaju, dvorište obitelji Belajec uskoro je bilo okićeno. Viktorovi su prijatelji po cijelom dvorištu pobacali bijele krpice i perje, a on ih je, prema tradiciji, trebao za to počastiti. Uz kićenje dvorišta obično se i na kuću pisalo kako bi svi vidjeli u kojoj je kući rođeno dijete i što je tata dobio. Vesna je pokušala dečkima objasniti kako se dvorište kiti kada se majka s djetetom vraća iz rodilišta, ali brzo je odustala i samo im je zabranila ideje kao što su paljenje guma, pisanje po kući i izvođenje sličnih psina koje su nekada prije bile dio običaja vezanog uz rođenje djeteta. Možda se u nekim krajevima još pisalo po kućama, ali ne i po Vesninoj. Zato su se Viktorovi pijani prijatelji dosjetili boljeg načina. Njih devetero odlučilo je na svoje trbuhe napisati ono što je inače išlo na kuću. Posložili su se u red ispred Viktora i redom se okretali kako bi on mogao vidjeti njihovo remek-djelo. Kada su se svi okrenuli, tvorili su u narodu poznatu rečenicu: *Da je tata imao veći klin, rodio bi se sin.*

Nakon par sati sna, Viktor se probudio u svojoj staroj sobi i na brzinu se spremio kako bi otišao vidjeti svoju ženu i kćer. Izašao je na dvorište na kojem su Vesna i Mate čistili bijele krpe i dokaze o svemu što se dogodilo prošlu večer.

– Oprostite zbog ovoga.

– Idi vidi svoje dijete – rekao mu je tata i samo mahnuo prema vratima. Viktor se nasmijao, poljubio majku i krenuo u bolnicu. Na putu je Nori kupio buket cvijeća, smokiće i tekući jogurt. Posjeti su trajali samo sat vremena, a on je cijelo vrijeme bio s Norom i Janom u sobi. Jana je spavala, a njezini su je mama i tata samo gledali. Kako ne gledati nešto tako savršeno? Nora mu je pričala da su Janu ujutro donijeli kako bi dojila. Opisivala mu je kako je to bio čudan osjećaj i kako ništa nije funkcioniralo kako treba. Uspjela je doći do zaključka da je Jana ne voli jer nisu kliknule. Tomu se morao nasmijati.

– Ma mislim da ćete kliknuti.

Nakon tri dana puštene su iz bolnice. Viktor je donio sve što mu je Nora rekla, iako je bio pod pritiskom da će nešto zaboraviti. Smjestili su Janu u ležaljku i prvi se put zaputili kao tročlana obitelj u svoj stan. Monika je u međuvremenu od stana napravila tvornicu slatkiša. Okitila je svaki zid u stanu, napravila roze kolače, roze balone, roze natpise i sve ostalo čega se mogla sjetiti. Osim nje, u stanu su nestrpljivo čekali Vesna, Mate, Marija i Stjepan. Viktor je unio Janu u stan, a njezine su bake i djedovi u trenu prestali disati. Smjestio ju je u krevetić, a oni su je promatrali bez riječi. Jednoglasno su zaključili da nikada u životu nisu vidjeli ljepše plave oči, ljepši nos, ljepše obraze, ljepša usta i glavu. Malena kao zrno graška, samo je spavala. Ima nešto u djeci što te tjera da se nasmiješ. Takvo malo stvorenje koje u sebi nema ništa osim dobrote i mira mora te natjerati da se potpuno rastopiš, a ako je to malo biće još tvoja unuka, prilično je jasno da je to dijete najvažnije na svijetu. Stjepan je tako gledao i svoje dijete. Stalno je išao za Norom i grlio je. Bio je ponosan na nju i srce mu je pucalo od ljubavi.

Nora je uzela Janu i otišla u sobu kako bi je nahranila. Stjepan, Mate i Viktor otišli su na balkon, a Vesna i Marija otišle su s Norom. Pomagale su joj da se namjesti, presvuče, da nahrani Janu i da je spremi na spavanje. Bilo joj je teško i boljelo ju je, ali to što su njih dvije bile ondje, puno joj je olakšalo. Mislila je da nešto nije u redu s njom kada ne može dojiti vlastito dijete, ali ju je mama smirila i rekla da je to potpuno normalno.

– Treba vremena da se nauči jesti, a ti si tu da joj pomogneš u tome.

Nakon što je Jana zaspala, Nora im je pričala o porodu i svemu što je bilo poslije. Svemu što je očekivala i svemu što se događa, a da joj nikada ne bi palo na pamet. Mamu je ispitivala za svaku sitnicu. Nakon toliko informacija zapitala se može li ona to uopće. Zaspala je, a Vesna i Marija oprezno su izašle iz sobe i pustile je da se odmara. Pripremile su ručak. Odnosno, pripremile su toliko hrane da Viktor i Nora ne moraju kuhati ništa barem četiri dana. Kako je padala noć, bilo je vrijeme da pođu doma. Stjepanu je bilo teško otići, a Nora je počela plakati za svojom mamom. Znala je da su hormoni i da će sve biti u redu, ali htjela je da mama ostane i točka. Mariji je to definitivno bila jedna od najtežih stvari u životu – ostaviti svoju kćer s malim djetetom, tako daleko…

– Samo nazovi i mama je za dva sata tu. U bilo koje doba dana ili noći – šapnula joj je na uho i poljubila je u čelo. Stjepan je ostavio kuvertu pod glavu Jani i još jednom poljubio najsavršenije biće na svijetu. Doista nije mogao vjerovati da je moguće osjetiti takvu ljubav, a samo ga je trebala pogledati tim plavim očima. Svaki Janin pokret činio se kao nešto prekrasno.

Mate je također ostavio kuvertu s novcem ispod jastuka svoje male unuke. Prema tradiciji, djetetu se pod glavu stavljao novac kako bi mu bližnji omogućili dobar početak. I to je bilo to. Ostali su Viktor, Nora i Jana. Sjeli su pokraj krevetića i samo promatrali svoju kćer koja je mirno spavala. Nisu mogli vjerovati da su njih dvoje stvorili nešto tako savršeno. Viktor je osjećao zahvalnost kakvu nikad nije osjetio. Bio je zahvalan na Jani, a onda se sve samo nadovezalo. Osjetio je zahvalnost što je upoznao Noru, što joj se svidio, što je pristala biti njegova i što je željela da on bude njezin. Bio je zahvalan na životu koji imaju i na ljudima koji ih okružuju. Nora je sve to osjetila. Osjetila je koliko je pazi i koliko je voli. Osjetila je razinu ljubavi koju je imao za njihovu kćer. Bila je uvjerena da će ova djevojčica imati sve što joj je potrebno, jer nije postojalo nešto što njezin tata za nju neće učiniti. Viktor je podigao Janu iz krevetića i šetao po dnevnoj sobi. Bio je to najljepši prizor koji je Nora u životu vidjela.

Prva je noć prošla u polusnu i Nori i Viktoru. Budili su se svaka dva sata kako bi Jana jela, kako bi je ponovno uspavali ili presvukli. Nora je osjećala umor u svakom dijelu tijela, ali nije joj bilo teško. Budila se na svaki se zvuk iz krevetića i išla provjeriti je li sve u redu. Viktor ju je želio nekako smiriti, pomoći joj da se odmori, ali nije mu polazilo za rukom. Čak i kada bi on ustao da presvuče Janu, Nora je baš morala na WC ili popiti vode. Svaki joj se put samo nasmijao. Sve joj je bilo jasno, ali nije si mogla pomoći. Viktorovi kolege s posla, Norini kolege i prijatelji dolazili su im svaki dan. Viktorovi mama i tata nisu željeli smetati, ali su se svaki dan sjetili nečega što im moraju doći reći ili donijeti. Ništa od toga nije im smetalo. Uživali su u tome koliko svi obožavaju Janu. Norini mama i tata zahtijevali su fotografije svaki dan i Nori se činilo kao da to polako vodi prijenosu uživo iz njihova stana.

— Misliš da se to može? Da postaviš kameru, samo da gledamo Janu — pitao ju je tata na telefon.

— Ne, tata — nasmijala se. — I tako ćete nam uskoro doći u posjet.

Dani su prolazili i Nora i Viktor polako su hvatali konce. Ponekad im se činilo kako rasturaju u roditeljstvu, ali onda bi Jana bez razloga počela plakati. U tom bi trenutku otišli u drugu krajnost. Znali su zaključiti da ih njihovo dijete očito ne voli i da nisu sigurni hoće li to sve skupa funkcionirati. Dobra je stvar što im se te promjene raspoloženja nisu događale u isto vrijeme. Nora se navikavala na dojenje, kao i Jana, i polako, ali sigurno pronašle su svoj ritam. Sve su nekako uspjeli obaviti, ali umor i iscrpljenost imali su svoju cijenu. Nisu to bile velike svađe jer su se oboje trudili imati razumijevanja, ali su jedno drugome bili ispušni ventil. Teško je bilo smiriti se kada svađa počne oko gluposti i kada su obje strane toga potpuno svjesne.

– Možeš mi, molim te, donijeti onu bijelu gazu?

– Izvoli.

– Bijelu, Viktor. Ovo je plavo.

– Svejedno je, Nora.

Postojao je točan ton i način izgovora njezina imena koji nije mogla podnijeti. Pogotovo kada je to radio Viktor i pogotovo kada ona nije dobre volje. Danas je bio takav dan i on je upravo izgovorio njezino ime tim tonom.

– E, pa nije svejedno – rekla je, spustila Janu u krevetić i demonstrativno sama uzela bijelu gazu. Viktor je otišao na balkon. To je postao način da se smiri prije nego što i sam počne s rečenicama i reakcijama koje bi samo potaknule svađu. Držao je ruke na licu i udisao svježi zrak. Osjećao je umor jer prošlu noć uopće nisu spavali, a još ga je čekalo mnogo posla. S obzirom na to da je radio kod tate, mogao je biti doma, ali je dio posla ipak obavljao. Jedva je stizao, ali svi su mu izašli u susret pa nije mogao ne odraditi barem svoj dio. Smirio se, ušao u stan, pogledao Janu kako spava i krenuo prema kuhinji, gdje je Nora prala suđe. Prišao joj je sleđa i rukama je zagrlio oko trbuha. Poljubio ju je nježno u vrat i šapnuo u uho.

– Oprosti. Samo sam umoran. Idi lezi, ja ću pospremiti. Ionako trenutno nemam što pametno raditi.

Nora se okrenula, poljubila ga i zagrlila. Nekoliko je minuta samo ostala u njegovu zagrljaju.

10

Od ranog jutra u stanu je vladala strka. Gosti su stalno dolazili, a Viktor ih je pokušavao sve poslužiti i ugostiti dok je Nora pripremala Janu i sebe za krstitke. Iako je većina javila kako će doći ili u crkvu ili na ručak, nekoliko njih koji su duže putovali došli su ranije. Maleni se stan uskoro ispunio, a svi su, naravno, željeli vidjeti Janu. Nora se povukla u spavaću sobu kako bi je nahranila i spremila, ali je netko stalno ulazio. Bez obzira na sve to, odlučila je da se neće živcirati. Svi su izgledali kao da se dobro zabavljaju, a danas je to bilo važno. Norini i Viktorovi roditelji među prvima su došli kako bi pomogli sve pripremiti. Svojoj su unuci donijeli nakit kako bi cijeli život imala uspomenu na njih i na ovaj dan.

Monika je pomagala ili je barem mislila da pomaže tako što sve pozdravlja i predstavlja se kao Monika, Janina kuma. Osim toga, zapravo nije baš puno radila.

*

– Moniku smo upoznale, čini mi se – ubacila se u priču Sofija.

– Ajme, pa da. Malo sam zaboravila da ste vas dvije bile – rekla je i pokazala na Veroniku i Sofiju.

– Ma, sve je bilo malo u strci. Nismo na kraju ni razgovarali kako treba. Mi smo kasnile u crkvu, a na ručku nismo ni mogle ostati baš dugo – rekla je Veronika i samu sebe prekinula u pola rečenice.

– Sjećam se da je ova štreberica istraživala tko je bio sveti Roko jer se tako zvala crkva. Našla je da je bio neki za kugu.

– Protiv kuge, Veronika. Kao zaštitnik, kužiš.

– Ma to, da. Tad mi je iz nekog razloga to bilo smješno.

– Ajme, ja se sjećam onog nekog kolača. To je bila neka perverzija od tamne čokolade – sjetila se Sofija i otvorila širom oči kao malo dijete kada vidi novu igračku.

– Sad mi je žao što nisam i ja mogla ići. Ako se još sjećaš kolača, mogu misliti kakav je bio.

Sve su se samo nasmijale Eminu komentaru. Stvarno joj je bilo žao, ali sjeća se da je imala obavezu koju nije mogla odgoditi. Više nisu baš održavale kontakt, ali uvijek su mislile da će se u takvim prigodama okupiti.

– Ručak smo na kraju dogovorili u zadnji tren, ali sve je ispalo super. Mjesto koje sam ja željela bilo je zauzeto pa je Vesna dogovorila hotel koji je bio skroz blizu crkve. Čak sam se i ja uspjela najesti, i to zbog tate. Kad god bih se okrenula da vidim gdje je Jana, moj tata ju je držao u rukama ili ju je nekome suptilno pokušavao oteti iz ruke. Mislim da ga nikada nisam vidjela tako sretnog.

*

Krstitke su prošle super. Iako Nora nije bilo toliko religiozna kao Viktor i njegova obitelj, u cijelom je obredu vidjela nešto lijepo. Prihvaćanje djeteta u zajednicu vjere izgledalo je kao stup potpore na koji njezina kćer može računati. Jana nije plakala, nego je cijelo vrijeme zagonetno promatrala svećenika. Pogledom je pratila svaki njegov pokret, a obučena u malo, bijelo, zimsko odjelce, izgledala je poput anđela. Monika je bila ponosna što su ju izabrali za kumu. Uživala je u osjećaju da će toj maloj djevojčici biti prijatelj i netko tko će uvijek biti uz nju. Voljela ju je kao da je njezina i bila joj je iznimna čast držati je na krštenju. Osjećala je povezanost koju u tom trenutku nije znala opisati, ali znala je da će zauvijek postojati. Jani će uvijek biti netko kome će se moći obratiti. To joj je obećala pred svim ovim ljudima i tog se obećanja mislila držati.

Nakon što se većina gostiju razišla nakon ručka, Norini mama i tata među zadnjima su pošli kući. Mariji je bilo teško svaki put kada bi se morala oprostiti i krenuti na put. Postoji neki poseban osjećaj kada postaneš baka. Svoju djecu voliš više nego išta na svijetu, ali kada tvoje dijete dobije dijete, to je nešto posebno. Iako su se Marija i Stjepan svaki put osjećali kao da ostavljaju svoje dijete, Nora nikada nije imala takav osjećaj. Svi su joj davali savjete i ideje kako bi nešto mogla drugačije ili bolje napraviti, ali savjet koji se računao bio je mamin. Za svaku nejasnoću ili pitanje zvala je svoju mamu. I mama je uvijek znala. Nadala se da će ona jednog dana biti sve to svojoj Jani. Bila je zahvalna što Viktorovi roditelji žive blizu jer je znala da na njih isto uvijek može računati. Sve u svemu, imala je super ekipu za odgoj male djevojčice.

Prošlo je već sedam mjeseci od rođenja i Viktor i Jana polako su se potpuno prilagodili rasporedu koji je odredila Jana. Bilo je naporno pratiti njezin ritam i voditi "odrasli" život, ali nije im bilo teško. Uživali su u svakom trenutku i u njoj su vidjeli nešto posebno. Baš kao što roditelji i trebaju. Prema pokretima ruku i ispuštanju nedefiniranih zvukova, zaključili su da se ovdje radi o čistom talentu, inteligenciji i očitom geniju. Nakon nekog vremena naučili su i kako postići da se Jana što manje budi pa su imali i više energije. Viktor se vratio na posao, pa se Nora morala priviknuti i na to da je sama s Janom do popodne, ali ubrzo su i one pronašle svoj ritam.

– Bok, cure.

Viktor se vratio ranije s posla s cvijećem u ruci i ručkom koji je pokupio usput. I dalje je radio te male stvari zbog kojih se Nora osjećala prekrasno. Imao je nevjerojatnu sposobnost postići da se osjeća posebnom.

– Bok, dečko s ručkom. Drago nam je što te vidimo – nasmijala se i poljubila ga. Nekada ju je znalo iznenaditi kako još osjeti trnce od glave do pete kada je poljubi. Nije li privilegij pronaći takvo nešto?

– Hvala ti na cvijeću.

– Uvijek. Što ima? Kako je moja ljubav? – uzeo je Janu iz krevetića i nježno je poljubio u čelo.

– Pa znaš, tata, danas je bila ludnica. Probudila sam se, jela i napunila pelenu. I onda, spektakl. Ponovno sam jela, otišla spavati i ponovno mami pripremila poklon – govorila je Nora oponašajući nešto što je trebalo biti glas male bebe.

– Nije tvoja mama baš sva svoja, ha? Što ti meni moraš trpjeti cijeli dan – okrenuo se prema Nori koja je sjedila za stolom i iz posude jela lazanje koje je Viktor donio.

– Kako je bilo na poslu? Sve prošlo *ok* na sastanku?

– Da, i više nego dobro. Dobio sam ponudu za posao.

– Stvarno? Što?

– Partneri iz Nizozemske koji su došli na sastanak ponudili su mi da dođem voditi tim za ispitivanje kvalitete.

– – I što misliš o tome? Čekaj, ponudili su ti to pred tatom?

– Da, i on je bio malo iznenađen. A što mislimo o tome? Jana mi je upravo pljunula na rame pa mislim da je jasno što ona misli o tome.

– Što su ti ponudili? Što si im rekao?

– Rekao sam im da trebam porazgovarati s tobom. Super je to pozicija i super je i plaća, ali radi se o ugovoru na četiri godine. Dolazio bih doma svakih šest mjeseci na mjesec dana. Mislim za karijeru super, ali...

– Ali?

– Ali nisam siguran želim li propustiti četiri godine – pogledao ju je s Janom u naručju. Točno je znala taj njegov pogled. Znala je da mu je karijera važna i da je uživao u tome što radi, ali je isto tako znala da su mu njih dvije važnije. Viktor je bio tip osobe koji, kada nešto ili nekoga voli, onda voli do krajnjih granica. Isto tako, ta se krajnost javlja kada ga netko iznevjeri ili povrijedi. Teško prelazi preko takvih stvari i spreman je odreći se puno toga ako se osjeća povrijeđenim ili napadnutim. Ta je njegova osobina Nori bila najveća nepoznanica jer nije bio osoba koja uvijek mora biti u pravu. Prvi će promijeniti mišljenje ako nije u pravu, ali teško oprašta.

– Ja sam sigurna.

– U što?

– Da sigurno ne želiš propustiti četiri godine. Odluka će na kraju biti tvoja, i kako god da odlučiš, znaš da će sve biti u redu.

– Znam, da, hvala ti. Mislim da i tako previše naginjem tome da ne idem, ali još ću razmisliti da mi poslije ne bude žao.

– Eto, dogovoreno. Inače, zvali su me mama i tata da bi došli za vikend. Ti si slobodan?

– Jesam, super da. Čak je i lijepo vrijeme pa se možemo negdje prošetati.

Marija i Stjepan stigli su po dogovoru u subotu ujutro s doručkom u rukama. Marija je ponovo donijela pola prtljažnika stvari, kako joj djeca slučajno ne bi bila gladna. Nora je stavljala vodu za kavu dok joj je mama objašnjavala što joj je sve donijela i na koji način može pripremiti piletinu sa svim tim stvarima. Stjepan je, naravno, u to vrijeme već imao Janu u rukama. Marija i Stjepan imali su s Norom super odnos pa se to prenijelo i na Viktora. Volio je kada bi došli u posjet jer je atmosfera uvijek bila ugodna. Primijetio je kako se nije na prvu svidio Norinu tati, pa se i dalje trudio impresionirati ga i pokazati mu koliko voli njegovu kćer. Kada mu je jedan prijatelj rekao da je kolega iz društva dobio sina i da će se on i Jana vjerojatno družiti i ići zajedno u školu i možda se na kraju i vjenčati, u sekundi je shvatio Stjepanov stav da nitko nije dostojan njegove kćeri. Ovaj ga je put Stjepan zamolio da idu pogledati neki auto koji je vidio na internetskom oglasniku. Možda mu se ipak počinje sviđati?

– Tata je na internetu? – pitala je Nora mamu iznenađena time što tata pristaje na novu tehnologiju.

– Ma, joj, pusti ga. Popeo mi se na vrh glave s tim internetom. Mi bismo se mogle prošetati dok oni to gledaju?

– Može, da, samo da spremim Janu pa idemo.

– A može li je baka spremiti?

– Naravno da može.

U blizini stana bilo je malo dječje igralište koje je uvijek bilo puno kada bi prvo sunce provirilo iza oblaka. Iako je bio ožujak, temperature su bile ugodne pa su se djeca već igrala ili bila u šetnji s roditeljima. Ljuljačke, vrtuljci, tobogani i kućice za penjanje u svim bojama na svijetu privlačili su djecu da uživaju u igranju. Ona i mama napravile su krug oko parka i sjele na klupu. Jana je bila sretna što se vozi u kolicima i od silnog je uzbuđenja zaspala u roku od tri minute. Ovo je bio savršen trenutak da se Nora malo na miru druži sa svojom mamom.

– Kako si, kćeri? Izgledaš malo umorno.

– Ma, dobro sam, mama, stvarno. Sve sad sjeda na svoje mjesto. Postaje sve lakše, još se samo trebam naspavati i onda je to to – rekla je i nasmijala se.

– A kako se ti i Viktor slažete?

– Super. Imamo nekada malo trzavica, ali one velike, važne stvari su super.

– To je važno. Te sitnice riješite odmah i onda je sve u redu. Ipak, imaj razumijevanja za mog zeta. Ti nekada znaš biti teška.

– Super, mama. Hvala – rekla je sarkastično i podigla glavu kao da se ljuti.

– Nema na čemu. S njegovima je isto sve *ok*?

– Ponekad nisam baš sigurna kako se ponašati s njegovom mamom. Mislim, stvarno mi pomaže. Kad god nešto trebam, nije joj problem donijeti mi, učiniti ili pomoći, ali mislim da joj nisam baš draga. Pokazujem joj poštovanje i ne odgovaram, ali nekada malo pretjera. Ti i sama znaš da ću te zvati za svaku sitnicu, ali ako Viktor i ja želimo neke stvari raditi na određen način, ne želim da mi govori kako nismo u pravu. Glupo mi je pokretati raspravu s njom jer mislim da onda automatski dovodim Viktora u glupu situaciju, ali nekada bih joj baš odgovorila.

– Vidi, Nora, mišljenje i savjete o tome što bi i kako trebala nešto raditi, možemo imati i ja i ona i osoba koju sretneš na ulici, ali nitko ne određuje da te savjete trebaš ili moraš provesti u djelo. Ona je Viktorova mama i naravno da ćeš prema njoj pokazati poštovanje, ali ne mora svako neslaganje značiti nepoštivanje. Važan je samo način na koji razgovaraš. Misliš li ti da bi Viktoru samo tako prešla preko toga da se prema meni ili tvom tati ponaša bahato i bezobrazno?

– Pa ne bih, naravno.

– Eto vidiš. To je obitelj. Kakva god da je, sad je tvoja. I moja – rekla joj je i zagrlila je.

Odlučile su lagano krenuti prema stanu jer je već postajalo hladno. Stale su u trgovinu kako bi Marija kupila sve za ručak koji je namjeravala skuhati. Nije njoj bilo jako važno što je Nora zamislila za ručak, ona je imala svoju ideju. Kada je bolje razmislila, ni Nori to nije bilo posebno važno. Još bolje ako se mami kuha. Vratili su se u stan prije Viktora i Stjepana i već je skoro i ručak bio gotov dok su oni došli. Zajedno su ručali, družili se i igrali s Janom. Nora je uživala gledati ih kako uživaju s njom. Ponašali su se kao mala djeca. Jedva su čekali da Jana malo naraste da je dovedu u Kutinu pa da svima pokažu svoju unuku. Popili su zajedno još jednu kavu i već je bilo vrijeme da Marija i Stjepan krenu prema Kutini. Mrzila je taj dio kada su morali ići doma. Bila je svjesna da bi počeli živcirati jedni druge da svi žive skupa, ali svaki put kada su išli doma, bila je jako tužna.

– Hajde, srećo, osmijeh jedan. Reći ću ti o čemu sam razgovarao s tvojim tatom ako će te to oraspoložiti.

– Daj, Viktor, nemoj biti smiješan. To ćeš mi ispričati iovako ionako – rekla je i sjela na kauč.

Okupali su Janu i spremili je na spavanje. I njoj je ovaj dan bio pun avanture pa je brzo zaspala, a Viktor i Nora imali su volje čak i za neki film.

– Izabrao sam film po tvom ukusu – rekao je Viktor i došao na kauč s kokicama i Cedevitom. Pustio je film, a Nora se glasno nasmijala.

– *The Fault in Our Stars*! Stvarno?

– Pa, ono, nismo ga nikada pogledali do kraja.

– Istina, da. Svaka čast, frajeru. Imaš ti neke dobre poteze.

– Sve je u redu? – pitao je Viktor jer je Nora stalno provjeravala mobitel.

– Da, da.

U tom je trenutku netko pozvonio na vrata.

– Tvoji? – upitala je Nora.

– Sumnjam, mislim da je njima ovo kasno. Možda dostava ne može ući ili nešto. Čekaj.

Viktor je ustao i provjerio špijunku. Zvono nije bilo ulazno, nego baš na njihovim vratima. Nora je otišla provjeriti spava li Jana i dalje.

– Dobra večer. Stanuje li ovdje Nora Belajec?

– Da, da tu je. Samo malo.

– Slobodno uđemo?

– Naravno, izvolite.

Viktor je otvorio vrata spavaće sobe.

– Nora, daj dođi. Policija te treba.

Krenula je prema hodniku koji je od ulaznih vrata vodio prema dnevnoj sobi. Osjetila je pulsiranje u glavi i shvatila kako joj se smanjio vidokrug. U hodniku je vidjela dva policajca. Jedan je bio srednjih godina, visok i širokih ramena. Imao je smeđe brkove koji su na nekoliko mjesta imali par sijedih dlaka. Drugi je bio puno mlađi. Izgledao je kao da je na obuci, bio je niži i imao je na licu ožiljke od prištića.

– Što se dogodilo? – previše svjesna vlastitog otkucaja srca, nije se mogla pomaknuti.

Policajac je počeo s isprikom. Isprikom što dolazi ovako kasno ili što uopće dolazi jer je očito da ne nosi neke dobre vijesti? U svakom slučaju, ispričao se što mora reći da je došlo do prometne nesreće na autocesti E70 u blizini izlaza Novska. Nora ga je odmah željela prekinuti i pitati što se dogodilo, ali nije mogla. Nije čula što je govorio jer joj je zvonilo u ušima, a sama ništa nije mogla reći. Policajac je počeo objašnjavati nesreću, a onda je osjetila kako je Viktor prima za ruku.

Njezini su roditelji vozili u desnoj traci i dali signal za pretjecanje kamiona ispred sebe. Vozač u kamionu nije ih primijetio i sam je krenuo pretjecati. Nisu stigli usporiti i zakočiti nego su se zabili u kamion. Automobil iza njih naletio je na lančani sudar i gurnuo njihov automobil ispod kamionske prikolice. Prema riječima policajca, Hitna pomoć na mjesto nesreće stigla je brzo.

– Žao nam je. Vaši su roditelji poginuli.

Tu. Točno ovaj trenutak. To je bila kombinacija riječi koja je potpuno slomila Noru i uništila cijeli njezin svijet.

11

Željko je već 27 godina policajac i na svome se poslu susretao sa svime i svačime. Bilo je tu opasnih, teških, zanimljivih, zabavnih i uzbudljivih situacija i na sve bi pristao bez razmišljanja samo da nije morao odrađivati ove. Ova će se cura zauvijek sjećati njegova lica, njegova izgleda, tona glasa i riječi koje joj je izgovorio. Većina ljudi točno zna o čemu se radi kada im policija dođe na vrata i počne govoriti onako kako je on počeo, ali nitko si to ne želi priznati. Svi čekaju da on to izgovori naglas i onda je on taj koji im dokazano ruši tlo pod nogama.

Nora je već sat vremena sjedila na kauču i gledala u prazno. Viktor je sjedio do nje i samo šutio. Čuo je Janu kako se probudila i otišao je smiriti. Nije znao otežava li Janino plakanje Nori ovu situaciju, ali nije želio riskirati. Kada ju je ponovo uspavao, vratio se do Nore koja je i dalje samo sjedila. Suze su joj tekle niz lice, ali nije ispuštala nikakav zvuk. Potpuna tišina. Zagrlio ju je jer nije znao što reći. Niti jedna jedina riječ na svijetu nije mu imala smisla. Samo ju je primio i pustio da plače. Čuo je ponovno Janu kako se budi i otišao joj spremiti bočicu. Nahranio ju je i smišljao način da Nori sve ovo barem malo olakša. Ništa mu nije padalo na pamet jer ionako nije postojalo nešto

što bi joj sada moglo umanjiti bol koju je osjećala. Dok je spuštao Janu u krevetić, čuo je kako je počela glasno plakati. Ležala je sklupčana na kauču, a on je počeo plakati s njom. Razdiralo ga je vidjeti je kako se muči. Kada bi barem mogao nešto učiniti. Sada bi sve na svijetu dao da postoji način da joj olakša bol.

Nora nije mogla doći k sebi. Imala je osjećaj da bi joj se neke slike trebale vrtjeti po glavi, ali ništa se nije događalo. Osjećala je samo tupu bol. Suze su samo tekle bez ikakve kontrole, a glava je bila potpuno prazna. Imala je osjećaj da svjesno gubi moć osjećanja. Možda ju je mozak tako štitio od potpunog raspada. Osjećala je fizičku bol po cijelom tijelu, mučninu i pritisak u plućima. Željela se nekako smiriti, ali policajčeve riječi samo bi se vratile i cijeli bi proces krenuo ispočetka. Imala se želju pomaknuti, ali nije znala kamo. Izgledalo je kao da su joj u jednoj sekundi otkazale sve životne funkcije. Nije uopće bila svjesna gdje je ni što se događa. Nije bila svjesna Viktora ni njegova dodira. Nije bila svjesna sebe.

– Nora, molim te, samo mi reci da me čuješ. Molim te, samo mi reci ako nešto trebaš. Molim te...

Pogledala ga je najtužnijim očima koje je u životu vidio. Čula ga je.

– *Ok*, nikamo ne idemo – rekao je i ponovno je primio.

Ujutro je Viktor počeo raditi ono što je mogao. Javio je Moniki što se dogodilo. Javio je i svojim roditeljima. Rekao im je da će oni ići za Kutinu na par dana i poželio da se nikada više ne nađe u situaciji da prenosi takve vijesti. Spremio je Janu i stvari za sve troje za nekoliko dana. Noru je našao kako poslije tuširanja stoji pred ormarom u sobi i plače.

– Trebaš pomoć?

– Ja nemam ništa crno. Ovo je sigurno neka pogreška, Viktor. Nema šanse da je ovo tako zamišljeno, to nema nikakvog smisla.

– Znam, dušo.

– Misliš da je pogreška? Molim te, neka bude pogreška. Samo je šutio. Ako je ikada svim bićem želio da ona bude u pravu, to je bilo sada. Nije imao snage reći joj niti jednu jedinu riječ. Osjećao se jadno i bespomoćno. Ona pati i raspada se, a što on može? Ništa. Nije bio u stanju naći riječ kojom bi joj pomogao, a to joj je obećao. Obećao joj je da će uvijek paziti na nju i učiniti da se osjeća dobro. Svakom je minutom sve više gazio to obećanje.

Pripremio joj je tamnoplave hlače i crnu majicu koju je našao u ormaru. Nora je sjela na stražnje sjedalo pokraj Jane i primila je za ruku. Radio se uključio kada je okrenuo ključ, a on je brzo smanjio ton do kraja. Nije se znao ponašati. Pazio je na svaki pokret i svaki korak, a nikada se tako nije morao ponašati pred njom.

– Ostavi radio – rekla je i primila ga za rame.

Put do Kutine trajao je dva i pol sata. Jana je većinu vremena spavala, a onaj dio kada je bila budna, gledala je kroz prozor. Ovo joj je bilo prvo putovanje u Kutinu.

Vozili su se slavonskim ravnicama. Polja i oranice čak su i u ravnini odavale prekrasnu sliku koja se morala vidjeti iz zraka. Prirodni mozaik od kojeg zastaje dah. Nora je od dolaska u Slavoniju bila očarana pogledom koji seže tako daleko. Ova je zemlja imala neku posebnu čar i važnost. Teško si mogao samo pogledati u to bogatstvo i ne osjećati zahvalnost ili spokoj. Kao i obično, Viktor je stao u Starom Petrovu Selu. Otišao je na WC i do trgovine po vodu. Pitao je Noru želi li ona nešto, ali samo je odmahnula glavom.

– Nora, nisi ništa jela. Molim te, barem popij vode. Znam da ti nije ni do čega, ali ne mogu dopustiti da se razboliš.

– Dobro.

– *Ok*, kad smo to riješili, mogu li te zamoliti i da pojedeš malo sendviča? – pokušao je zvučati simpatično i isti se tren osjetio kao idiot, ali Nora je uzela sendvič i odgrizla dva griza.

Promjena u pogledu odavala je da su uskoro u moslavačkom kraju. Cestu su okruživale šume i premda još nisu bile poznate zelene boje, izgledale su impresivno. Marija i Stjepan obožavali su ovaj kraj. Uživali su u običajima, tradiciji i prirodi koja je, prema njihovim riječima, na jednome mjestu nudila sve što je normalnoj osobi potrebno za sreću. Viktor je počeo razmišljati o Mariji i Stjepanu. Još mu je bilo nevjerojatno da se sve to zaista dogodilo. Svakog je dana bio izložen vijestima o prometnim nesrećama, ali nikada zapravo ne razmišljaš koliko je to neočekivano svakoj obitelji koja nekoga tako izgubi. Može ti biti žao, možeš suosjećati, ali ne možeš shvatiti. Banalno je zapravo kako se tvoj dan nastavlja potpuno normalno kada u novinama pročitaš kako je netko tebi nepoznat stradao u prometnoj nesreći. Nevjerojatno mu je bilo zamisliti da je nekome i danas dan tekao kao bilo koji drugi.

Sjetio se kako je policajac opisivao nesreću. Splet nesretnih okolnosti i trenutak nepažnje zauvijek je promijenio tolike živote. Zatim mu je na pamet pala misao od koje se u sekundi uspaničio. Oni će za nekoliko kilometara proći po istom mjestu na kojem se jučer dogodila prometna. Kako je mogao biti tako glup?!? Zašto nije sišao s autoceste? Što ako se na cesti još vide znakovi nesreće. Nora to neće moći podnijeti. Prema opisu policajca, nesreća se dogodila blizu izlaza za Novsku. Možda se dogodila nakon izlaza pa on može sada izaći na Novsku i izbjeći to mjesto. Minute vožnje prolazile su mu u panici. Osjetio je kako stišće volan, a na čelu je osjećao velike kaplje znoja. Onda je vidio znakove kočenja na cesti i ostatke razbijenog stakla i svjetala. Automatski je pogledao Noru u retrovizoru, nadajući se da ona nije shvatila što su upravo prošli. Shvatila je. Viktor se u tom trenutku uplašio da nikada neće zaboraviti taj izraz boli i grča na njezinu licu. Čvrsto je stisnula oči kao da želi vidjeti najtamniji mrak na svijetu, a stisnutu je šaku zagrizla zubima kako bi spriječila vrisak. Suze su joj tekle niz lice i izgledala je kao da vrišti iznutra. Viktor se u sekundi potpuno slomio od boli.

Stigli su do Norine kuće. Dva prozora koja su bila okrenuta prema cesti okruživao je bršljan koji bi Norina majka uvijek u proljeće ukrasila cvijećem. Njihova je kuća u Kutini bila poznata kao kućica u cvijeću. Ispred kuće bile su malena fontana i željezna ograda, a donji dio, uz zemlju, imao je obojeni rub u visini pola metra. Svake bi godine Nora i Marija obojile fontanu, ogradu i rub kuće u drugu boju. Bilo je to nešto u čemu su uživale. Ove je godine na kući bila plava boja. Desno od kuće bio je ulaz u dvorište i u produžetku se nastavljao vrt. Prije vrta u dvorištu su bili posađeni orah, šljiva i jabuka. To je održavao i obožavao Stjepan. U ljetnim danima znao je satima sjediti u hladu ispod drveta i hrkati. Marija se brinula o vrtu. Sadnja u pravilnim redovima, okopavanje, zalijevanje, branje, kopanje i sve ostalo svake bi godine urodilo najukusnijim plodovima. Vrt je sada izgledao spreman za toplije dane u kojima počinju pripreme za tu ljubav i brigu koju će mu Marija pružiti. Nora je obožavala svoju kuću i lokaciju na kojoj se nalazila. U blizini Doma zdravlja i parka, imala je samo nekoliko minuta pješice do škole, centra grada i knjižnice.

Ključeve je pronašla na starome mjestu. Ušli su u kuću, nahranili Janu i stavili je u ležaljku. Nora se vratila u auto po stvari i srela susjedu Branku, staru baku koju je obožavala. Ona je od svega što bi pronašla u dvorištu radila med i rakiju. Od svih pripravaka koje je kroz godine degustirala, Nori su daleko najdraži bili med od borovih iglica i med od ruže.

— Nora, zlato jesi to ti?

— Jesam, teta Branka, bok.

Tek je sada izašla do kraja iz automobila i sa strane ostavila torbu kako bi pozdravila susjedu.

— Bože dragi, nisu valjda oni bili kod Novske — rekla je susjeda kada je primijetila da je Nora u crnini, da su joj oči crvene od plakanja i da se to dijete bori s velikom tugom.

Nora je samo kimnula glavom i ponovno briznula u plač. Teta Branka zagrlila ju je najjače što je mogla i počela plakati s njom.

*

– Strašno. Jeza me prošla – rekla je Dajana.

– Žao mi je što si kroz sve to morala proći. Ja sam tek kasnije saznala što se dogodilo – ubacila se i Veronika.

– Ma, niste imale otkud saznati. Stvarno. Znam da je to nevjerojatno za Kutinu, ali sve sam željela obaviti u jednom danu baš zato da ne bih morala javljati svima. Znam da je to bila mamina i tatina želja, odnosno znala sam njihov stav o sprovodima, a da sam odlučila javiti nekome, morala bih svima.

– Znam, da, ali svejedno. Žao mi je što nismo bile uz tebe.

– Nemoj me krivo shvatiti, ali nisam to tada ni znala. Viktor i Jana su bili uz mene i Monika je došla kako bi pomogla s organizacijom. Javila sam samo maminu bratu i tatinoj braći. Stvarno samo uža obitelj i nekoliko prijatelja s kojima su se viđali svaki dan. Njima su sprovodi užasno išli na živce. Bilo im je to previše trošenja novca na svijeće i cvijeće od kojeg nitko nema ništa.

*

Viktor je po Kutini, u kojoj se nije baš snalazio, tražio trgovinu u kojoj bi kupio hranu i piće za nekoliko ljudi koji su se okupili na karminama. Monika je čuvala Janu i pripremala sve što je bilo potrebno u kući, dok su Nora i Viktor išli organizirati sprovod. Nije znala gdje se to sve dogovara, ali znala je da će sve dogovoriti za prekosutra.

Za vrijeme karmina sjedila je u fotelji i gledala u klavir koji im je stajao u dnevnoj sobi. Ovdje, u kući, nije mogla izbaciti iz glave scene i sjećanja na mamu i tatu. Zamišljala je mamu kako sjedi za klavirom i svira. Sjećala se i kako je tata uživao u njezinu sviranju. Oboje su obožavali glazbu i bila je sigurna da ih je to i spojilo. Nisu znali plesati, ali kada bi plesali jedno s drugim, izgledali su prekrasno. Sjetila se i gledanja filmova. Njih dvoje to jednostavno nisu znali raditi. Toliko bi pričali za vrijeme filma, da je to izgubilo svaki smisao. Nisi ih mogao čak ni pitati o čemu se radi jer se njihova verzija svega što se dogodilo i onog što se trebalo dogoditi nikada nije podudarala s radnjom filma. Oboje su imali svoje mušice, ali su se i jedno i drugo naučili nositi s njima. Na kraju dana sve se svelo na to da su se stvarno, iskreno i bezuvjetno voljeli.

U nedjelju navečer u kući se skupilo samo nekoliko ljudi. Toliko ju je osoba iskreno zagrlilo da joj se srce moglo raspuknuti od ljubavi. Sada je slušala priče o svojim roditeljima u prošlom vremenu i svako malo suze bi joj krenule same od sebe. Nije znala što osjeća. Osjećala se prazno, ali je uživala slušajući sve te priče. Uživala je gledati kako su drugi gledali njezine roditelje i osjećala je ponos što je njihovo dijete.

Sprovod je bio dogovoren za utorak. Viktor je sve organizirao točno kako je ona rekla. Javio je ljudima kojima je ona rekla i nije dao postavljati osmrtnice. Na sprovodu se skupila manja grupa ljudi, a obred je vodio svećenik koji je bio obiteljski prijatelj. Prema tradiciji, ona, Viktor, mamin brat i tatina braća prije sprovoda stajali su u mrtvačnici uz tijela, a ostali su im dolazili izraziti sućut. Viktor je odlučio da se lijes neće otvarati jer ne želi da Nora cijeli život pamti svoju mamu i tatu na taj način. Stigao je svećenik i sve je bilo spremno za iznošenje ljesova. Stavljeni su jedan kraj drugoga. Zajedno.

Iza lijesa stajala je Nora s Viktorom, a iza nje mamina i tatina braća s obiteljima. Svećenik je počeo s molitvom. Govorio je o načinu na koji Crkva tumači smrt, ali Nora ništa od toga nije čula. Ponavljala je molitve s ostalima, ali zapravo je samo gledala u ljesove ispred sebe. Nije mogla vjerovati da se oprašta sa svojom mamom i tatom. Kako bi ona trebala ikada pronaći utjehu?

Svećenik je u jednom dijelu počeo govoriti o Mariji i Stjepanu. Uživao je u njihovu društvu, bili su ljudi koji su zračili pozitivnom energijom koja je vrlo jednostavno prelazila na druge. Rekao je da mu je bila čast poznavati ih. Procesija do groba krenula je u tišini. Prvi je išao svećenik, zatim ljesovi, obitelj, muškarci, a onda žene. Viktor je cijelo vrijeme držao Noru. Bojao se da bi se mogla potpuno raspasti ako je samo na trenutak pusti. Svakoga je posebno zamolio da ne nosi cvijeće nego je svima ponio po jednu crvenu ružu. Najdraže cvijeće Norine mame. Imao je potrebu oprostiti se s njima na način koji je pokazivao puno poštovanje. Obećao je Nori da će poslije sprovoda javiti ostalima što se dogodilo. Mnogi od njih bili su ljuti što nisu imali priliku oprostiti se i on je to mogao shvatiti. S druge strane, pokušao im je objasniti da je Nora organizirala sprovod onako kako bi to željeli Marija i Stjepan.

Kada su stigli do groba, svećenik je počeo s molitvom. Nora se ponovno isključila. Zamišljala je svoju mamu kako kuha ručak i tatu kako se igra s Janom. Poželjela je da su tu. Nije se mogla natjerati da im kaže zbogom. Nije mogla zamisliti život bez njih. Nije mogla zamisliti da ih se Jana neće sjećati. Nije mogla zamisliti da će propustiti svaki veliki trenutak u njezinu životu. Nije mogla zamisliti da ne može nazvati mamu kada joj treba savjet. Nije mogla zamisliti da više nema njezina tate koji će je braniti od svih. Nije mogla zamisliti da ih nikada više neće vidjeti.

Razmišljala je o nesreći. Razmišljala je o toj prokletoj sekundi koja je dovela do toga da ona sada stoji pokraj groba svojih roditelja i baca grudu zemlje na njihove ljesove. Razmišljala je o njihovim posljednjim trenucima. Jesu li uspjeli pronaći mir u tome što su zajedno?

Razmišljala je i o maminu zadnjem rođendanu. Od tate je sigurno dobila crvenu ružu. Istu ovakvu kakvu sada svi bacaju u njihov grob. Osjećala je kao da će puknuti. Trebala je vrištati, trebala je učiniti nešto. Ako ostane sama u tišini s ovim mislima, sigurno će poludjeti. Sigurno će puknuti ta nekakva nevidljiva nit koja je drži na okupu.

Puknula je. Njezin je bolni vrisak rasplakao sve koji su je okruživali. Toliko boli, toliko tuge i patnje u njezinu vrisku odjeknulo je iznad granice neba. Puknula je u trenutku kada su njezinu mamu, najsnažniju ženu koju poznaje, i njezina tatu, osobu s najvećim srcem na planetu, spuštali u grob. U zraku je lebdjela najglasnija tišina na svijetu, Norini glasni jecaji prigušeni Viktorovim zagrljajem i zvuci pjesme na jednoj jedinoj gitari. Jedan je dječak svirao pjesmu na koju su Marija i Stjepan prije 27 godina plesali svoj prvi ples.

Zakuni se, ljubavi, na ramenu mom, zakuni se, ljubavi, u trenutku tom. Zakuni se, ljubavi, da moja si sva, da sanjaš, ljubavi, sve što sanjam ja...

12

Još je jedno popodne provela zatvorena u spavaćoj sobi, u koju sada ni preko dana nije puštala ni zraku svjetlosti. Tama joj je odgovarala. To je bio jedini način da je svi puste na miru, uključujući i njezinu glavu. Svaku je večer sanjala. Sanjala je i svako popodne kada bi drijemala. Sanjala je odvratne stvari. Nešto sasvim nestvarno, ali bi je tako umorilo da je imala osjećaj da u sebi nema više ni trunku energije. Ili bi sanjala glas policajca ili sprovod ili nesreću koju nije vidjela, ali ju je njezina prokleta glava stalno zamišljala. U tom je snu, uvijek prije sudara, vidjela mamu i tatu kako su se pogledali. Ušla je u začarani krug u kojem mora spavati jer nema snage za život, a san ju je umarao više od ičega.

Fizički joj je bilo teško napraviti korak ili jesti ili razgovarati, hodati, razmišljati. Bilo kakva, i najmanja radnja, umarala ju je do granice u kojoj nije mogla držati oči otvorenima. Bojala se razmišljanja, bojala se spavanja i bojala se sebe. Sve je obavljala mehanički. Hranila je Janu mehanički, jela je mehanički, tuširala se mehanički. Izvana je imala oblik, ali se iznutra osjećala potpuno prazno. U nekoliko je navrata osjetila neku emociju, želju organizma da se trgne sam od sebe i da izađe iz te tame u kojoj se našla, ali nikada se ništa ne bi dogodilo.

Raspadala se Viktoru pred očima. Prošla su dva tjedna od sprovoda, a Nora je jedva izgovorila deset rečenica. Cijelo je vrijeme spavala, ništa nije jela, ništa nije radila i uopće nije govorila. Viktor je pokušao sve što je znao, ali ništa nije uspijevalo. Nikada prije nije bio okružen tolikom tugom i nije znao kako se s time nositi. Nije znao kako joj pomoći da se izvuče iz toga.

Ostao je doma kako bi se brinuo o njoj i o Jani i osjećao se jadno što ne može učiniti ništa osim ostaviti je na miru. Svaku večer kada bi legao pokraj nje osjetio je kako pati. Zagrlio bi je, a ona bi počela plakati na svaki njegov dodir. Boljele su ga njezine suze. Boljela ga je njezina bol i neizmjerna tuga.

Puštao ju je da spava, brinuo se o Jani, pokušavao je natjerati da pojede barem nešto i radio je od doma kako ne bi imao problema na poslu. Mama mu je rekla da to nije normalno, ali on ju je uvjeravao da Nori samo treba vremena da dođe k sebi. Koliko god vremena joj je potrebno, on će joj ga pružiti. Na njemu je da sve drugo bude u redu kako bi se ona mogla oporaviti. Znao je da će sve biti u redu zbog Jane. Koliko god Nori bilo teško i koliko god njemu bilo teško gledati je, vidio je utjehu koju Nora nalazi u njihovoj kćeri.

*

Vesna je često dolazila kako bi pomogla i u nekoliko je navrata pokušala razgovarati s Norom, ali ona je svaki put spavala. Ili se sada već pretvarala da spava, samo da ne mora nikoga vidjeti. Čula ju je iz sobe kako plače i poželjela da joj može nekako pomoći. I Monika je često dolazila. Njezina prijateljica prolazila je kroz najteže razdoblje u životu, a ona joj nikako nije mogla pomoći. Točno je znala kako se Viktor osjeća i razmišljala je jesu li sebični što razmišljaju o tome kako je njima teško gledati nju kako pati. Često je Janu vodila u šetnju kako bi Viktor na miru mogao obaviti posao. Bio je zahvalan, a ona je samo željela da može učiniti više.

– Kako je danas? – pitala je spremajući Janu za još jednu šetnju.

– Isto. Spava – rekao je Viktor odmahujući glavom.

– Ne znam više, Monika. Strah me da će se razboljeti. Svaki se dan borimo oko toga da barem nešto pojede. Mislim da jede samo zato što doji Janu.

– Možda bi trebala otići razgovarati s nekim?

– I meni je to palo na pamet. Pitao sam je misli li da bi joj razgovor sa psihijatrom pomogao, ali ne želi. Ništa ne želi. Ne mora razgovarati sa mnom o tome ako ne želi, ali s nekim mora. Moja je mama čak predložila svećenika.

– Iskreno, ne bih baš rekla da je za Noru to dobra ideja.

– Da to sam i ja rekao, ali došlo je do toga da prihvaćam sve ideje.

– Kužim, da. Idem je opet pitati želi li možda s nama u šetnju. Nemam što izgubiti.

Monika je tiho na prstima ušla u sobu i putem se predomislila o šuljanju. Čak i ako spava, vrijeme je da se probudi, a ako se pretvara da spava, onda šuljanje ionako nema nikakvog smisla. Za dvije minute izašla je iz sobe.

– *Ok*, ne želi – rekla je tužno.

Šetala je s Janom otprilike sat vremena i vratila se u stan. Rekla je Viktoru da mora nasilu pokušati vratiti Noru u normalu. Barem u nešto normalnije od ovoga. Predložila mu je da se vrati na posao jer će se tako i ona polako vraćati nekim svakodnevnim obavezama.

– Super je to što se brineš o svemu, ali nisam sigurna da joj to pomaže – rekla mu je nježno jer je znala da mu svi samo po cijele dane dijele neke savjete.

Razmišljao je o tome dok je kupao Janu i spremao je na spavanje.

Nora ju je nahranila, poljubila i vratila se u krevet. S njime nije uopće razgovarala. Odlučio je poslušati Moniku jer je shvatio da situacija svakim danom postaje sve gora. Bilo ga je strah pa se dogovorio s mamom da je ipak dođe posjetiti i provjeriti je li sve u redu.

Sjeo je za *laptop* i odlučio pronaći način na koji će joj pomoći. Gotovo tri sata čitao je o tome kako prepoznati da je netko u depresiji. Većinu je simptoma pronašao kod Nore, što mu je zapravo davalo nadu da i savjeti iz članka mogu pomoći. Prema psihologinji koja ja i sama prošla kroz depresiju, Debori Serani, postojalo je nekoliko načina na koje Viktor može pomoći. Odlučio je pratiti svaki: bit će uz Noru, malim će gestama pokazati da je tu, neće kritizirati i neće pokušati na grub način natjerati je da se trgne, neće umanjivati bol koju ona osjeća i neće nuditi savjete, neće uspoređivati njezin slučaj s drugima, učit će o depresiji i imat će strpljenja.

Cijeli dan na poslu nije mogao ništa odraditi kako treba ni do kraja. Razmišljao je o Jani i Nori. Razmišljao je o tome je li možda trebao Janu odvesti mami, ali onda bi Nora ponovo samo cijeli dan provela u krevetu. Ovako će se barem morati brinuti o Jani. Barem će ustati. Otišao je s posla nešto ranije i u stanu pronašao svoju mamu.

– Samo sam dva sata ovdje. Ostala sam skuhati.

– Hvala, mama. Kako je?

– Ne znam. Nismo baš puno razgovarale. Idem, mili. Ako što treba, zovi.

– Hoću.

Poljubio je majku i otišao provjeriti Janu. Spavala je u svom krevetiću. Nora je izašla iz sobe i otišla u kupaonicu.

– Bok, ljubavi.

– Bok.

– Dobro miriše iz kuhinje. Jesi za ručak?

Ništa. Kraj razgovora. Čuo je samo vrata od kupaonice kako se zatvaraju i zvuk tuša. Otišao je nešto pojesti i pripremiti se za nagovaranje da i ona nešto pojede.

*

Već je mjesec dana prošlo otkako se vratio na posao, a svaki dan kada se vraćao kući nadao se da će mu se Nora nasmiješiti. Nadao se da će ga barem pogledati, poljubiti, obratiti mu se. Nedostajala mu je njegova supruga. Prema njegovu mišljenju, stvari su išle nabolje. Nora je manje spavala jer Vesna više nije dolazila svaki dan. Brinula se o Jani, i to je bilo to. Ostatak dana provela bi u sobi ili pred TV-om gledajući više u prazno nego u program. Monika je i dalje dolazila, ali nitko s Norom nije vodio razgovor dulji od pet minuta. Svima je bilo teško, ali još su imali razumijevanja.

Viktor je na poslu osjetio stres koji je nosio od doma. Teško je odrađivao poslove do kraja i zbog toga je bio ljut. Obožavao je svoj posao i otkad zna za sebe, imao je jasnu sliku gdje će s tim poslom završiti. Njegov je rad uvijek bio na najvišoj razini i nikada nije dao prostora bilo kome da njegov uspjeh povezuje s činjenicom da je njegov tata vlasnik tvrtke. Krenuo je doma u nadi da će danas biti bolji dan. Duboko je udahnuo, smirio se i ušao u stan.

Stan je bio u neredu, suđe nije bilo oprano, a u perilici je još bila odjeća koju je sinoć stavio prati. Jana se upravo probudila i trebalo ju je presvući. Kada je počela plakati, Nora je izašla iz sobe, vidjela Viktora i vratila se u krevet. Izgubio je živce. Presvukao je Janu i stavio ju u malenu njihalicu u kojoj se obožavala igrati.

– Nora? – ušao je u sobu i otvorio prozor. Svjež zrak i svjetlost brzo su ispunili sobu koju je također trebalo dobro očistiti. Sjeo je kraj nje i podigao je da sjedne.

– Molim te, razgovaraj sa mnom. Ako ne želiš sa mnom, naći ćemo nekoga, ali s nekime moraš razgovarati. Dosta je ovoga –

rekao je nježno. Osjećao se užasno krivim što joj počinje zamjerati. Nije to želio priznati, ali sve što se događalo utjecalo je na njegovo strpljenje. Znao je da je to pogrešan stav, ali nije si mogao pomoći. Umor i stres učinili su svoje.

Nora nije samo bila tužna, ona je potpuno izgubila sebe. Promijenila je ponašanje, više nije opažala ništa što se oko nje događa, nije reagirala i izgledala je kao da ne može pratiti najjednostavniji razgovor. Počela je izlaziti iz sobe i jesti, ali nije to više bila ona. Još nije dovoljno jela, nije govorila. Samo je odgovarala. Izgledala je kao definicija osobe kojoj je duh potpuno slomljen.

– Nora?

– Što hoćeš?

– Stvarno? Možeš li se barem potruditi lijepo razgovarati?

– Viktor, trebaš li nešto ili...?

– Trebam da razgovaraš normalno sa mnom.

– Razgovaram normalno. Nemoj se ponašati kao derište. Ako nešto trebaš, reci, ako ne trebaš, nemoj biti naporan. Ne razgovara mi se. I ovako se suzdržavam od svega što bih htjela reći.

– O, molim te, Nora, samo se ti nemoj suzdržavati. Da čujem – rekao je sarkastično. To je bio onaj trenutak u kojem kužiš da počinješ svađu, ali se ne možeš zaustaviti. Možda i možeš, ali ne želiš.

– Hajde reci, baš me zanima. Od čega se ti to suzdržavaš?

– Trebala sam slušati tatu! Nisam se trebala udati za tebe. Lijepo mi je rekao. Ništa od ovoga se ne bi dogodilo da se nismo vjenčali. Ja ne bih ostala u Osijeku, oni ne bi morali dolaziti k meni u posjet i ništa se od ovoga ne bi dogodilo.

– Ti mora da se šališ?!? Nitko te nije tjerao da se udaš, niti te itko tjerao da ostaješ u Osijeku. To smo skupa odlučili. Ma, zapravo, zašto se ja uopće opravdavam za te gluposti – rekao je i izjurio iz stana.

Više nije imao snage. Negdje duboko u sebi, znao je da Nora ništa od toga ne misli. Znao je da mora imati nekoga koga će kriviti, ali trenutno nije imao snage, želje ni volje tražiti opravdanje za njezino ponašanje.

Osjećala se užasno. Nekako drugačije užasno. Ništa od toga što je rekla nije mislila. Ona je bila kriva. Ona je stalno zvala mamu i zvučala kao malo dijete koje ne zna što radi. Radila je to, a znala je da će mama i tata odmah sjesti u auto i doći k njoj. Iskorištavala je to. Da ona nije tako razmažena, sada bi bili živi. Zašto ona nije mogla sjesti u auto s Viktorom i Janom i posjetiti njih?

Nije imala volje ni za što. Išlo joj je na živce što Viktor stalno skače oko nje. Išlo joj je na živce što šalje Vesnu da je provjerava. Išlo joj je na živce i što se Monika ponaša oprezno u njezinoj blizini kao da je Nora mentalno bolesna. Sve joj je išlo na živce. Nikada u životu nije toliko dugo osjećala toliki umor. Budila se svake noći i hodala po stanu kao duh. Dobro je upoznala svaki kut tog stana. Nekoliko je puta usred noći sjedila u kupaonici s tabletama za spavanje u rukama. Tablete su bile još jedan od Viktorovih pokušaja da joj pomogne. Gledala je na desetak tableta koje je držala u ruci i razmišljala kako bi to možda bilo najjednostavnije rješenje. Ovakva i tako nije baš na korist nikome. Viktoru samo otežava život. Ako se uskoro ne trgne, i Jana će patiti. Pogledala je svoju kćer kako smireno spava. Jedino ju je ona držala na životu. Znala je da mora doći k sebi, znala je da se mora trgnuti. Sve je to znala, ali onda bi se nešto u njoj samo preokrenulo i vidjela bi samo tamu. Osjećala je samo krivnju, ljutnju i tugu. Razmišljala je o svim trenucima za kojima sada može samo žaliti. Stalno su joj se po glavi vrtjele različite situacije s mamom i tatom. Ako se nije prisjećala svega što je s njima prošla, onda je zamišljala sve situacije koje će se tek dogoditi bez njih. Sve su bile mračne i tamne. Osjećala je potrebu da Viktoru objasni tu bol i tamu. Kada bi razumio koliko to boli, sigurno od nje ne bi očekivao da jede, razgovara ili bude dobre volje. Ali kako mu to objasniti?

Kada se Viktor vratio, ležala je u sobi. Osjetila je olakšanje što ga je čula u stanu. Taj osjećaj olakšanja i sigurnosti brzo je nestao. Sve na svijetu bi dala da je mogla zadržati takav osjećaj samo na nekoliko minuta. Samo da popravi odnos koji svjesno i namjerno uništava. Zaspala je u suzama. On je spavao na kauču. Legao je dva sata nakon nje. Nakon što je pospremio stan, jeo, spremio Janu na spavanje i završio pripreme za sutrašnji sastanak. Umor ga je skršio. Osjetio se fizički i psihički potpuno iscrpljenim.

Sastanak za koji se pripremao tjednima kasnio je. Samo mu je to još trebalo. I ovako je cijeli dan bio na iglama. Svakog je dana ranije išao doma, više se nije ni sjećao kada je zadnji put otišao s dečkima na piće. I danas ih je isto odbio. Čim završi sastanak, ide doma. Cijelo je vrijeme bio nervozan. Stalno je gledao na sat i pokušavao ubrzati dogovore. Nije imao osjećaj da to radi toliko očito, dok se njegov tata nije ispričao pred svima i poslao ga doma. Kao neko malo dijete. Bio je bijesan. Spremio je stvari i otišao.

*

Ono što ga je čekalo doma još je više podizalo razinu njegova nezadovoljstva. Umjesto da mu obitelj bude utjeha nakon teškog dana na poslu, on se boji onoga što ga doma čeka. Odlasci doma postali su mu težak dio dana. Nije se želio nositi s tom atmosferom. Nije mu se dalo svađati. Nije želio da ga Nora ignorira. Nije želio zamjerati joj, ali sve se to događalo i jednostavno nije želio ići doma. Normalna se osoba ne bi tako trebala osjećati. Pa dobro, možda on više nije normalna osoba. Neko je vrijeme sjedio u automobilu. Teško je kada moraš odvojiti vrijeme u danu kako bi se natjerao ući u vlastiti stan i biti sa svojom obitelji. Još je teže biti svjestan da se tako osjećaš.

U hodniku je čuo Janu kako plače. Zadnjih je dana bila nervozna i jedva bi je smirili. Noću se češće budila, što je bilo super za njezine ionako dobro raspoložene i naspavane roditelje.

– Dobro, gdje si ti? – umjesto pozdrava rekla je Nora čim je ušao u stan. Preokrenuo je očima okrenut prema vratima koja je polako zatvarao.

– Imao sam sastanak koji se oduljio – rekao je potpuno ravnim tonom. Nakon već ne zna ni sam koje svađe, nereagiranje na Norine komentare pokazalo se kao najbolja taktika.

– Uvijek ti imaš nešto. Ona plače već dva sata. Možda bih i ja imala nešto.

– Imaj, Nora, evo, ja ću ju uzeti, a ti idi i imaj nešto! Imaj nešto što ne uključuje jebeno ležanje u mračnoj sobi!

I to je bilo to. Počela je galama i svađa u kojoj je svatko samo bacao uvrede. Poanta je bila samo se ispuhati i pokazati tko može jače vikati. Čak im ni svađe više nisu imale nikakvog smisla. Vikali su i jedno i drugo, ali potpuno nepovezano. Kao dva luđaka koja razgovaraju sama sa sobom, ali u istoj prostoriji, okrenuti jedan prema drugome.

– Dosta! Čuje vas se do ceste. Reagirate li vas dvoje uopće na činjenicu da vam je dijete ovdje i da plače?!? – rekla je Monika koja je požurila u stan nakon što ih je čula kako se svađaju. Mnogi bi možda ostali u hodniku i izbjegavali neugodnu situaciju. Monika nije bila jedna od takvih. Gledala ih je u pokušaju da ih oboje posrami i da se smire. Nora je uzela gornji dio trenirke koji je stajao na stolu i odjurila iz stana demonstrativno lupajući vratima.

– Vidim, počeli ste više razgovarati? – rekla je Viktoru u jednom pokušaju da ovu situaciju malo opusti. Ali nije mogla. Trebala je toga i sama biti svjesna nakon riječi koje su jedno drugome izgovorili. Takve riječi sigurno užasno bole, a ubijaju ako dolaze od osobe koju voliš. Viktor je uzeo Janu iz njihalice i pokušao je smiriti.

– Da, super nam je – rekao je toliko tužno da je Monika umalo zaplakala. Gledala ga je kako smiruje Janu i kako ona maleno izgleda u njegovim rukama.

– Idem za njom – rekla je tiho i otišla iz stana. Hodala je prema parku. Bila je ljuta na Noru. Svi su oko nje pokušavali na lijep način doprijeti do nje, pomoći joj, i svi su bili uz nju, ali ona kao da to ne vidi. Vidjela ju je kako sjedi na klupi. Rukama je obuhvatila koljena i sklupčala se ogrnuta trenirkom koja je izgledala kao da joj je dva broja prevelika. Zapravo je sve na njoj tako izgledalo. Sjela je pokraj nje i neko vrijeme samo šutjela. Toliko joj je toga željela reći. Bila je zabrinuta za nju, bila je tužna zbog nje, bila je ljuta na nju i bila je još sto drugih stvari koje uopće nije mogla definirati.

— Nora, moraš se sabrati.

— Monika, molim te pusti me na miru — rekla je tiho. Suze su joj tekle niz lice, ali se ponašala kao da ne želi da Monika to vidi. I nije željela. Stvarno je željela da je svi puste na miru. Kako da im objasni da ona shvaća što radi, da vidi sve što radi ljudima oko sebe, ali da si jednostavno ne može pomoći. Kako da im objasni da ni sama ne shvaća kako je uopće moguće da još ima suza. Ne može im objasniti, zato je bolje da se svi samo maknu.

— Ne mogu te pustiti na miru. Moraš naći način da se oporaviš, a ako ne možeš, moraš nama pustiti da ti pomognemo.

— Ti se moraš početi brinuti o svom životu, a mene pustiti na miru.

— Nemoj biti bezobrazna.

— Nisam ništa više bezobrazna nego ti koja kao da ne razumiješ. Ne razgovara mi se i zašto me onda forsiraš?

— Da, to sam primijetila, ali jednom ćeš početi razgovarati. Uništavaš si svaki odnos u životu. To želiš? Ostati potpuno sama, pa da u miru možeš plakati i žaliti nad svojom sudbinom. Kužim, teško ti je. Ne mogu to ni zamisliti i nadam se da nikada neću znati kako ti je, ali tvoj život ne može samo stati. Ne možeš se samo isključiti. Što točno čekaš da se dogodi u toj prokletoj sobi?

— Pa, daj me samo pusti na miru. Došla sam tu da ne moram slušati vaše pametne savjete kako da zaboravim da su mi mama i tata mrtvi – počela je povisivati glas kao da je time ikada ili da će ikada uplašiti Moniku.

– Ma tko ti je rekao da to trebaš zaboraviti?!? Ali ne bi trebala ni zaboraviti da imaš dijete koje te treba i o kojem se trebaš brinuti. I imaš i muža koji te voli, ali ni on više ne može.

– Hoćeš mi ti, molim te, objasniti sve te stvari, jer ti imaš i muža i dijete pa sve znaš?

– Ma, nosi se, Nora, nastavi ovako pa nećeš ni ti uskoro imati ništa od toga.

13

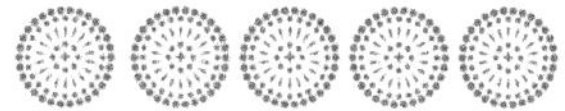

Sjedili su za kuhinjskim šankom. U tišini. Nora je sjedila na visokoj, zelenoj, barskoj stolici i jela, a Viktor je čitao vijesti na mobitelu uz vruću kavu. Tišina im je postala svakodnevica. Samo su živjeli zajedno i brinuli se o Jani. Njihov je život izgledao kao najdosadniji film na svijetu. Norin mobitel na sredini velikog, drvenog šanka počeo je vibrirati. Zvukove je davno isključila, a na vibraciju nije reagirala.

— Nećeš se javiti? — pitao je Viktor kombinacijom sarkazma i frustriranosti.

— Ako je važno, zvat će ponovo — odgovorila je Nora potpuno ravnim tonom.

— Nevjerojatno — otpuhnuo je Viktor i uzeo mobitel.

— Halo, Viktor Belajec pri telefonu.

Nekoliko je trenutaka šutio i slušao osobu s druge strane, a zatim pružio Nori mobitel. Ona ga je gledala u čudu što uopće uzima njezin mobitel, ali se on na taj pogled, kao i na većinu ostalih, više uopće nije obazirao.

– Odvjetnik te zove, nešto u vezi s kućom. Javi se i nemoj se ponašati kao da imaš tri godine.

Samo je uzela mobitel iz njegove ruke i otišla u spavaću sobu. Dvadeset minuta slušala je kako joj odvjetnik objašnjava stvari kojima je njezini mama i tata nikada nisu željeli zamarati. Nikada nije bila uključena u financije obitelji više nego što su to njezini roditelji dopuštali ili željeli. Odgajana je na način da shvaća vrijednost novca i da zna da ga mora zaslužiti radom. Nisu bili bogata obitelj, ali za sve što je željela u razumnim granicama uvijek je bilo dosta. Nije znala da je nekada taj novac, primjerice za njezino studiranje, došao od kredita. Isto tako nije znala da im to nije bio jedini kredit i osjetila je sram što nikada nije razmišljala otkud mami i tati iznosi koji su njoj bili potrebni. Odvjetnik joj je sada objasnio kako su imali jedan kredit kojim su zatvorili sve ostale, ali za taj kredit već dulje vrijeme nije plaćena niti jedna rata. S obzirom na to da nisu ostavili oporuku, a ona im je jedino dijete, ona je i zakonski nasljednik svega što su imali. Kuća u kojoj su živjeli upisana je kao jamstvo za kredit i ako ona ne može podmiriti njihov dug, bit će stavljena na javnu dražbu kako bi se mogao zatvoriti kredit i podmiriti dug banci.

– Postoji li ijedan drugi način da spasim kuću ako sada ne mogu otplatiti te dugove? – rekla je Nora nakon odvjetnikova govora u nadi da će moći zadržati jedinu stvar koja ju je vezala za život s roditeljima.

– Ne, nažalost – rekao je odvjetnik koji je imao umirujući glas iako je javljao loše vijesti. – Ali možete otići u kuću i pokupiti neke uspomene. Čuo sam što se dogodilo i iskreno mi je žao što ne mogu učiniti više.

– Hvala, i otići ću svakako za vikend, a nakon toga prodajte kuću.

Završila je razgovor i nekoliko trenutaka ostala ležati na krevetu. Razmišljala je o kući u kojoj je odrasla i čudila se što je ova vijest nije više pogodila. Sada kada mama i tata nisu tamo, možda tu kuću više nije smatrala domom?

Ukratko je ispričala Viktoru da će kuću staviti na javnu dražbu kako bi pokrili dugove koje su njezini roditelji imali i da će za vikend otići u Kutinu kako bi pokupila neke stvari. Nije mu puno objašnjavala, a ono što je bilo užasno jest to što njega zapravo nije ni zanimalo.

Planirala je otići na dva dana i povesti Janu, ali je Viktor rekao da je on ionako vikendom doma, a da će ona bez nje brže obaviti sve što treba. U subotu je ustala rano, spremila se i bez pozdrava otišla iz stana. Viktor je cijelu tu situaciju samo doživio, ali kao i na sve ostalo, prestao je reagirati. Sjetio se kako mu je jednom prilikom, dok su još bili na početku veze, rekla kako je pozdrav jedna od važnijih stvari koju želi imati u njihovu odnosu. Dogovorili su se da nikada neće otići jedno od drugoga bez poljupca. Što god da se dogodi, bilo da se žure ili su se minutu prije posvađali. Njoj je to bio znak ljubavi i poštovanja. Znak da su oboje sigurni da ništa što se događa ne može ugroziti to što imaju. To je, izgleda, bilo važno nekoj drugoj Nori, jer se Viktor nije sjećao kada su se zadnji put poljubili ili kada je osjetio neku nježnost od nje.

Do Kutine su joj trebala dva i pol sata, a cijelim je putem slušala radio. Zaboravila je već koliko je to zapravo voljela i sada kada je bila bliže doma, ipak se počela drugačije osjećati. Parkirala je u svom dvorištu. Bio je lipanj i vani je već bilo toplo, tako da joj je bilo ugodno u običnoj laganoj, širokoj majici i donjem dijelu trenirke. Osjećala se kao da je upravo stigla iz škole i presvukla se u one najudobnije kombinacije koje nosiš "po doma".

Skuhala je kavu i sjela ispod oraha kako bi na trenutak samo uživala u miru koji je osjetila. Promatrala je kuću u kojoj je provela tolike godine. Sve u životu što je prvi put doživjela, dogodilo se u toj kući. Rođendani, igranja, ljetni praznici, zima, svaki Božić, prvo plakanje zbog simpatije, prvo traženje dozvole da ide van, prvi mamurluk, prva svađa s mamom i tatom, sve se dogodilo u toj maloj kućici u cvijeću. Nije imala osjećaj da je gubi, ali upravo se to događalo. Ta kuća bili su njezini mama i tata. Obožavali su je, a ona je obožavala način na koji su od nje stvorili dom.

Odlučila je proći po cijeloj kući i uzeti stvari koje su joj posebno značile. Znala je da ne smije pretjerivati pa si je to odmah postavila kao jedino i glavno pravilo. Bilo je to važno pravilo za nju jer je inače svaku glupost u životu čuvala zbog nekog baš posebnog sjećanja koje je uz to vezala.

Dnevna soba bila je uvijek ista. Marija ju je namjestila po svom ukusu i nije dala da netko puno po njoj mijenja. Dobro da je živjela u kući s dvije osobe koje preuređenje nikada nije nimalo zanimalo. Na zidu je stajao veliki zidni sat koji je Marija obožavala. Bio je pun detalja i privlačio je pažnju, a prema njezinim riječima, super se slagao sa stolićem u sredini sobe. Ispod sata stajao je klavir za koji je Mariji uvijek bio žao što Noru nije zanimao kao nju. Isto kao ni gobleni, koje je Marija obožavala vesti, a Nora je odustala od tog hobija nakon sat vremena. Dva koja su stajala na zidu bili su "Žena koja čita" i "Dječak s gitarom". Dva uzorka koja je Nora primijetila kod svih maminih prijateljica i rodbine. Ta dva su bila "must have" ako misliš ozbiljno s goblenima. U kutu je stajala peć na drva koju je Stjepan obožavao. Čim bi bilo malo hladnije, čim bi puhnuo prvi vjetar ili pala prva kiša koja se više ne može nazvati ljetnom, on je slagao drva i palio vatru. Bilo koje voće koje su imali u kući znalo je završiti na peći kako bi cijela kuća mirisala, a najviše je volio jabuke. Sjetila ga se kako sjedi s polovicom tako pečene jabuke, gleda neku domaću seriju i malom žlicom jede sredinu. Ona je od malih nogu najviše voljela stajati, okrenuta leđima blizu peći, a zatim bi se, kada više ne bi mogla izdržati vrućinu, brzo zaletjela na kauč, sjela i osjetila toplinu od pete do vrha leđa. To ju je tata naučio kada je bila mala i često su se tako glupirali. Iz dnevne je sobe izabrala knjigu koju je tata mami poklonio za rođendan. Bila je to zbirka pjesama Sergeja Jesenjina kojeg je mama voljela, a u njoj je pisao stih: *Za tebe biram najljepše riječi.*

Stol za kojem su jeli stajao je između kuhinje i dnevne sobe, a na zid iza njega Stjepan je postavio fotografije nekih najvažnijih događaja u njihovu životu. Na jednoj je strani stajala fotografija s mamina i tatina vjenčanja, fotografije s Norina i Viktorova vjenčanja, Nora na prvi i zadnji dan prvog razreda osnovne škole, Nora na prvi i zadnji dan srednje škole, Nora na odlasku za Osijek i Nora na promociji. Cijeli je njihov život stajao na toj jednoj strani zida, a cijeli drugi zid bio je rezerviran za Janine slike. Jedna kada je izlazila iz bolnice, jedna s krštenja, jedna kada se baš nekako dobro namjestila, jedna samo s bakom, jedna samo s djedom, jedna na kojoj Nora drži Janu i jedna na kojoj su Marija, Stjepan i Jana. Tu je fotografiju uzela i vidjela da su iza napisali *Anđeo našeg anđela.* Bila je sigurna da je to bila tatina kombinacija riječi.

Nastavila je u kuhinji, u kojoj je s mamom često provodila vrijeme u razgovoru. Nekoliko su puta pokušale zajedno kuhati ili pospremiti, ali bi već nakon nekoliko minuta zaključile da bolje da to sve radi jedna, i to možda bolje mama. Nora se uvijek slagala s tim. Ta je kuhinja uvijek bila spremna za kuhanje. Čak i kada bi nepoznata osoba ušla u kuhinju, lako bi pronašla sve što joj treba. Mjesto koje je posebno voljela bila je polica na prozoru na koju je mama spremala začine. Vjerovala je da se baš u tome krije tajna kuhanja. Uzela je maminu bilježnicu s receptima. Nikada u životu nije napravila kolač od početka do kraja niti je za time imala želju, ali je obožavala tu bilježnicu. Bila je potpuno ispisana receptima i puna papirića na koje je njezina mama zapisivala recepte u prolazu. Obožavala je mamin izraz lica prije nego što bi izabrala koji će kolač peći. Sjela bi za stol i pregledavala svoju bilježnicu kao da se u njoj nalazi blago. Tisuću je puta prelistala cijelu tu hrpu papira i svaki je put u tome uživala kao malo dijete.

Sve dosad skupljeno ostavila je na stolu u dnevnoj sobi i otišla u maminu i tatinu sobu. Voljela je što je ta soba bila puna svjetla i, naravno, što je imala ogroman bračni krevet. Njihov je ormar mirisao na njih. Rukom je prošla po odjeći koja se nalazila na vješalicama, a slike mame i tate dolazile su joj u navratima. Sve joj se činilo tako nestvarno. Na trenutke bi potpuno zaboravila zašto je trenutno u toj kući, što radi i zašto to radi. Ovdje se uopće nije moglo vidjeti kakva se tragedija dogodila njezinoj obitelji i bez obzira na sve, ovdje ju nije okruživao zagušujući osjećaj depresije. Sve što je vidjela budilo joj je lijepe uspomene. Boljelo ju je što će to sada zauvijek ostati samo uspomene, ali je svjedočila prekrasnom životu koji su Marija i Stjepan izgradili. Pronašla je album s fotografijama, mamin parfem, nakit i majicu koju je tata često nosio. Bez toga nikako nije mogla otići.

Ostala je samo njezina soba. To je ostavila za kraj jer je znala što je tamo čeka. Cijelo njezino djetinjstvo bilo je u ta četiri zida. Znala je svaki kut i svaku crtu u toj sobi. Tu je skrivala tekstove i pisma iz škole, na tom je prozoru zapalila prvu cigaretu kada je željela provjeriti kako je to, lijepila je postere po zidovima, stavljala fotografije i pisala citate po zidovima koji su joj u tom trenu bili dokaz da je netko razumije. Bilo je tu mladenačkog bunta, slomljenog srca, traženja utjehe i traženja motivacije. Iz svoje sobe nije znala što bi uzela, a znala je da će joj se upravo to dogoditi. Sjela je na pod kako bi pregledala sve knjige koje je godinama skupljala i pronašla kutiju u kojoj je čuvala stvari iz srednje.

Nije odmah shvatila o čemu se radi pa ih je počela detaljno pregledavati. Bile su to sve male i velike cedulje koje su se slale po satu. To je bilo ono kada si svoju najveću tajnu ili trač napisao na mali komad papira i poslao frendici na drugi kraj reda. Presaviješ papir, proslijediš dalje i onda budno pratiš njegov put kako ga ne bi pročitao netko tko ne smije, na primjer profesor. Naglas. Pred cijelim razredom. Sjetila se jedne profesorice koja je u tome posebno uživala. Svaki put bi vidjela papir i mudro pitala: "To nije moglo čekati odmor?" E, pa nije. Da je moglo čekati odmor, čekali bi odmor.

Nora je sada našla punu kutiju takvih poruka. Kakvi su to svjetski problemi bili! Cijeli razred se na papiru dogovara za markiranje i svi redom pišu, ako idu svi, idem i ja, i uvijek je bio taj jedan biser koji ne želi. Nora nikada nije bila taj biser. Pregledavala je papiriće i potpuno izgubila pojam o vremenu. Sjetila se kako im je svima bilo teško zbog problema koji su im se tada činili najgorima na svijetu. Pomislila je da bi sada sve dala za te probleme i ovu glavu i u istom

Tena Grgić - Kutinski čardaci

se trenu osjetila trideset godina starijom. Na dnu kutije pronašla je četiri bilježnice i glasno se nasmijala kada je shvatila o čemu se radi. Bili su to biseri njezina razreda iz četiri godine srednje škole.

Čim je počela čitati, počela se sjećati svih tih glupih situacija i izjava. U tome se trenu nije mogla sjetiti kada se zadnji put toliko smijala.

*

– Da, sjećam se. Tu si me večer nazvala – ubacila se Veronika i okrenula se prema drugim curama. – Tad sam vam javila za njezine roditelje.

– Grozno mi je to bilo. Čula sam bila nešto i od svojih za tu nesreću, ali sam nekako mislila da bih saznala da su to bili tvoji mama i tata.

– Znam da smo mislile kako se nama nikada ne bi moglo dogoditi da toliko izgubimo kontakt, ali svaka je otišla baš na svoju stranu. Kada sam našla te bilježnice, nisam se uopće mogla sjetiti kada sam se zadnji put čula i vidjela s vama. Zato sam te nazvala – rekla je Nora.

– Tamo je pisalo ono kad je Filip na trećem satu shvatio da je zaboravio doma torbu? Kao, do trećeg sata mu nije trebala – rekla je Ema, na što su se cure počele glasno smijati. Sofija je točno u tom trenu popila gutljaj piva koji je joj je uskoro izletio van kroz usta tako da se smijanje samo nastavilo.

– Puno toga sam potpuno zaboravila, ali bilo je par bisera koji su me stvarno nasmijali do suza. Sjećate se profesora iz fizike, onog što se stalno samo smješkao. Pričao je o tome kako je od brzine svjetlosti brža samo brzina misli i onda je Luka mudro zaključio da je to istina jer prvo moraš pomisliti na to da želiš uključiti svjetlo pa ga tek onda uključiš.

– A ja se sjećam kada je Ema dobila neopravdani.

– Ajme, da, a uopće nisam bila kriva. Trebali smo imati šuplji sat nakon velikog odmora i onda nam je netko javio da ipak imamo sat i kao svi smo zaključili da se vrlo jednostavno moglo dogoditi da nismo vidjeli poruku.

– Da i onda te razrednica pitala gdje si bila treći sat i ti si, budalo, rekla da si zaspala. Na četvrti sat. Prva tri si bila i onda si zaspala na četvrti.

– A kada sam se uspaničila i nisam znala što da kažem – sve su se toliko počele smijati da se čak i konobar nasmijao gledajući kako se iskreno zabavljaju. Odlučio im je odnijeti još jednu rundu na račun kuće.

– To kada smo razgovarale telefonski o svim tim glupostima, bilo je prvi put od sprovoda da sam osjetila neki mir. Odlučila sam prošetati po gradu i prvi put otići mami i tati na grob.

– Popela sam se Crkvenom ulicom i shvatila koliko sam fizički bila iscrpljena tom tugom koja me proganjala od njihove smrti. Sjećam se da su me trnci prošli kada sam vidjela njihova imena na križevima, ali nekako sam se u trenu smirila, pozdravila ih, sjela uz rub groba i počela pričati. Iako možda zvuči malo poremećeno, bilo je lijepo. Točno sam mogla zamisliti njihova lica i sve što bi odgovorili na moje rečenice, tako da sam se smirila. Ili su me oni uspjeli opet smiriti, ne znam.

*

Već je bila pala noć i na groblju je svijetlilo tisuću lampaša i svijeća. Nora je nekoliko trenutaka samo u tišini promatrala i zaputila se doma. Šetala je po gradu u kojem je odrasla i što dulje nije bila tu, više joj je sve to nedostajalo. Svaki ju je kut grada podsjećao na nešto.

Ono što je ona obožavala u gradu, bili su čardaci u Crkvenoj ulici. Svakog bi dana na putu prema osnovnoj školi prošla kraj njih i divila im se. Bilo je to pet kuća u nizu sagrađenih od hrastova drva u stilu arhitekture na prijelazu u 20. stoljeće. U svaku je tu kuću u svojoj glavi smjestila jednu obitelj i s vremenom joj je to postala svakodnevna igra. Zamišljala je kako je izgledao njihov život i na koji su način provodili dane.

U knjižnici je provela toliko sati uživajući u kopanju po policama, tako da je pomislila da s njom nešto nije u redu kada bi radije to radila satima nego bila u *shoppingu* s curama. U slastičarnici kod knjižnice dobila je prvi sladoled od dečka. Zbog toga što je dao tri kune za njezinu kuglicu sladoleda, automatski je u njezinu društvu ocijenjen kao pravi muškarac, a ne kao ovi ostali balavci. Imao je devet godina. Prošla je kraj suda i sjetila se bistroa u kojem su znali jesti lepinje. Nisu naručivali porciju ćevapa kao normalni ljudi, nego samo lepinje. Napravila je krug po gradu i sjela ispred gimnazije. Nigdje nije bilo nikoga pa je legla na klupu i gledala u zvijezde. Ni o čemu nije razmišljala. Glava joj je bila potpuno prazna i nikada u životu zbog toga nije bila sretnija.

Pomislila je na svoju kćer. Jana joj je nedostajala i pitala se hoće li ona njoj moći pružiti djetinjstvo kakvo su njoj pružili njezini mama i tata. Shvatila je da ne postoji ništa na ovome svijetu što bi je spriječilo da tom djetetu pruži sve što zaslužuje. Bilo joj je žao što će izgubiti kuću i što joj nikada neće moći pokazati dom kakav su imali njezini baka i djed, ali obećala si je da će ih Jana upoznati kroz njezine oči i njezine priče. Pomislila je i na Viktora. Bila je svjesna koliko mu je otežala život, ali nije osjećala krivnju. Možda zato što je znala da to sve jednom mora proći.

Viktor je točno u tom trenutku sjedio na dvorištu ispred svoje rodne kuće. Sjedio je s mamom i tatom i plakao kao malo dijete. Plakao je od tuge i bijesa i ljutnje i razočaranja. Plakao je jer više nije imao snage za život koji živi. Nije više mogao raditi, brinuti se o Jani i svaki dan biti okružen depresijom, vikanjem, svađanjem i živčanim ispadima. Više nije postojalo doba dana u kojem je mogao osjetiti bilo što pozitivno ili se opustiti na samo nekoliko minuta.

Ispričao je mami i tati sve što osjeća. Ispričao im je koliko je ljut na Noru i koliko više za nju nema opravdanja. Izgovorio je sve one riječi koje je dotad držao u sebi i kojih se sramio. Sad ih je izgovarao naglas. Rekao im je i ono čega se najviše bojao. Nije znao kako je dalje voljeti.

14

— To je tvoja obitelj, Viktore, i tvoja je dužnost o njima se brinuti. Norina depresija ne može trajati zauvijek. Imaš malo dijete koje treba odgojiti. I sam znaš da ti mi možemo pomoći kada god treba, ali na tebi je da svoju obitelj dovedeš u red – govorila je Vesna dok je Viktor točio još jednu čašu. Oštrina u kombinaciji s tradicionalnim odgojem ostavljala je malo prostora za emocije. Njoj je uvijek bilo jasno što je čija uloga i koliko je važno da se od te uloge ne odstupa.

Viktor, koji je odrastao u takvom okruženju, sve je to vrlo dobro znao. Mama mu je s jedne strane pokušavala pomoći. Stvarno mu je izlazila u susret i bez njezine pomoći posljednjih nekoliko mjeseci ni sam ne zna što bi se sve dogodilo. Ali ona nije bila svjesna kako je to. On nije mogao samo tako ugasiti osjećaje i obavljati ulogu koju mu je ona objašnjavala.

S druge strane bio je njegov tata. On je čak i mogao shvatiti dio cijele te priče, ali on pak nije mogao shvatiti zašto Viktoru zbog svega toga mora patiti posao. Cijeli je život bio ponosan na njega i njegovu želju da stvori karijeru. Znao je da uživa u poslu koji   zajedno rade i nije mu bilo jasno zašto si dopušta tako loše rezultate. Zašto mu posao ne može biti bijeg od svega što se događa kod kuće?

— Dok si na poslu, ionako ne možeš utjecati na ono što se događa doma. Zašto se barem taj dio dana ne opustiš i potpuno ne posvetiš onome što radimo?

Viktor više nije imao snage objašnjavati. Već su stoput razgovarali o svemu ovome. Stoput im je pokušao objasniti kako izgleda svaki njegov dan. Pokušao im je objasniti da više nema snage i da se raspada. Sada mu je bilo dosta objašnjavanja.

— Znate li vi kako je živjeti s nekime kome se gadiš? Ja, tata, više nemam potrebu štiti je. Možeš li zamisliti da ti je potpuno svejedno da netko sada dođe i učini nešto nažao mami? Mama, možeš li ti zamisliti osjećaj da tebe netko povrijedi i da tata na to uopće ne reagira? Nora više nije cura u koju sam se zaljubio. Tu sam curu želio cijeli život imati na svojoj strani. Samo nju. Nije mi bilo važno je li cijeli svijet protiv mene sve dok sam potpuno uvjeren da će ona stajati uz mene. Ta cura uopće nije bila u stanju izgovoriti riječi koje meni Nora govori iz dana u dan. To je mučenje. Slušanje tih riječi i gledanje kako me ne podnosi toliko je boljelo da nisam znao što da radim. A onda me poslije toga ljutilo, jer nisam ništa učinio. Kužite?!? Što sam ja to učinio da sam zaslužio takvo ponašanje? — rekao je i bacio čašu u zid. Nitko nije reagirao, a Viktor kao da je upravo to i očekivao. Sjeo je, natočio drugu čašu i okrenuo se prema kući. Vesna je već bila na putu u sobu iz koje se javila Jana.

— A sad? Sad je najgore. Sad mi je potpuno svejedno.

— Sine, moraš to riješiti s Norom. I sam sa sobom. To što radiš neće ti pomoći — rekao je pokazujući na čašu. Bilo mu je žao gledati svoje dijete da se toliko pati. Vesna i on bili su svjesni situacije, znali su da im je teško, ali nisu nikada vidjeli sina ovako slomljenog. Mate je otišao u krevet i putem uzeo Viktorove ključeve od službenog automobila kojim je došao i stavio ih negdje gdje Viktor neće gledati.

Ujutro su zajedno popili kavu, a Viktor im se ispričao. Bila je to zapravo malo čudna isprika jer mu nije bilo žao što im je sve to rekao, nekomu je morao reći, ali mu je bilo žao što će se oni brinuti zbog njega. Uzeo je Janu i otišao u stan. Pola sata nakon njega u stan je ušla i Nora.

— Bok — rekla je ulazeći s dvije velike torbe. Viktor se toliko iznenadio što ga je pozdravila da mu se na licu automatski pojavio osmijeh. Da je promatrao tu situaciju izvana, shvatio bi koliko je to zapravo tužno. Koliko si očajan ako se veseliš što ti je vlastita žena uputila riječ. Možda joj je ovaj put baš trebao, pomislio je i uzeo torbe kako bi mogla normalno ući u stan. Poljubila je Janu i sjela na krevet u dnevnoj sobi.

— Što si donijela? Kako si? — pokušao je oprezno Viktor.

— Probala sam uzeti što manje, tako da sam ponijela samo ono što me podsjećalo na najljepše stvari — odgovorila mu je cijelo vrijeme gledajući u Janu kako spava. Možda joj je stvarno bolje, napokon se usudio pomisliti.

Viktor je otišao na posao i taj dan odradio veliki dio svojih zaostataka. Na trenutak se ponovno osjetio kao da se ništa od ovog pakla posljednjih mjeseci nije dogodilo. Kada se vratio doma, cure su već spavale i tada je shvatio koliko je zapravo kasno. Na trenutak je razmišljao o tome gdje treba leći i shvatio da radi glupost i da tako neće živjeti. Nije normalno da razmišljaš smiješ li leći kraj svoje žene. Zaspao je kraj Nore nadajući se da će sve doći na svoje. Ujutro se probudio sam u krevetu. Pomislio je kako je Nora već ustala i to mu je pružilo nadu u to da stvari idu nabolje. Toliko je vremena posljednjih mjeseci proveo u tišini, promatrajući Norino ponašanje, da je mogao automatski primijetiti i najmanju promjenu. I ne samo to, znao je da te male promjene mogu biti ili put prema nečemu pozitivnom ili put u daljnju depresiju u kojoj se Nora sve više gubi. Spremio se i krenuo u kuhinju. Našao je Noru kako spava u dnevnom boravku i osjetio bol u trbuhu kao da je upravo primio udarac. Poželio je zapravo sam sebe udariti što si je uopće dopustio da pomisli kako će sve biti bolje zato što su jučer razmijenili dvije rečenice. Osjećao se kao pravi jadnik. Bilo mu je žao samog sebe. Nije se njihov odnos čudom poboljšao, nego je ona već spavala kada je legao kraj nje. Vjerojatno se maknula u dnevnu sobu čim ga je osjetila kraj sebe. Spremio se i otišao iz stana ljut, tužan i razočaran.

Nora se probudila u praznom stanu i na trenutak se osjećala izgubljeno. Nije joj bilo jasno zašto je u dnevnom boravku ni kada je ondje završila. Onda se sjetila užasnog sna koji ju je probudio. Cijelo se vrijeme vrtjela po krevetu i nikako nije mogla zaspati. Osjetila je kako Viktor duboko diše i bilo joj je drago što je legao kraj nje. Svaki joj je dan dokazivao koliko ljubavi ima za nju i bilo joj je krivo što toga nije bila svjesna kada je bila najgora prema njemu. Znala je da su on i Jana jedino što joj je na svijetu ostalo i da se mora sabrati. Iako je svega toga bila svjesna, nešto se u njoj stalno prelamalo i dovodilo je do ludila. Postala je depresivna i histerična osoba s kojom nitko ne može funkcionirati. U tim je situacijama sama sebi željela opaliti šamar, ali umjesto toga, samo je sve izluđivala, a poslije sebi zamjerala svoje ponašanje i osjećaje. Vrtjela se u krugu iz kojeg sama nije znala izaći, a kada bi joj bilo tko pokušao pomoći, osjećala se jadno i slabo. Mrzila je taj osjećaj, ali jedina reakcija koja je iz toga proizlazila bila je svađa. Bila je uvjerena da će joj biti bolje ako se svi maknu od nje. Svakako je bila sigurna da će njima biti bolje. Nije željela probuditi Viktora pa se prebacila u dnevnu sobu. Nježno ga je poljubila u glavu i osjetila miris njegove kose. Miris koji je već počela zaboravljati. Gledala je neki glupi film i zaspala tek pred jutro, ali je barem zaspala i spavala do jutra bez snova koji su je svaku noć budili.

Viktor je već bio otišao i prvi put nakon dugo vremena bilo joj je žao što ga nije vidjela prije nego što je otišao. U tom je trenutku znala da će sve biti u redu. Znala je da je ona još negdje unutra i da samo mora pronaći način da izađe. Bilo joj je dosta ove olupine od osobe u koju se pretvorila. Takvu je odluku donijela već puno puta, ali svaki put bi pobijedila njezina glava. Ovaj ju je put odlučila prevariti. Sama će sebe uvjeravati kako joj je bolje sve dok tako ne postane. Sjela je za *laptop* i odlučila skuhati ručak. Nešto novo što nikada nije radila i točno prema receptu. Stvarno će napraviti sve kako piše u receptu. Ako su ljudi koji, za razliku od nje, znaju kuhati, odlučili da ide pola šalice brašna, onda ide pola, a ne malo više jer to njoj ne izgleda baš najbolje. Kuhala je dva sata i jedva je čekala da sve bude gotovo. Prvi put nakon dugo vremena imala je tremu zbog Viktorova dolaska doma. Nadala se da će mu se svidjeti. Znala je da će joj biti teško razgovarati s njim i samo tako vratiti neku verziju njihova odnosa, ali nadala se da će ovako vidjeti barem da se trudi i da joj je još stalo.

Prošlo je već više od sat i pol od kraja njegova radnog vremena i sada je već bila jako gladna. Željela ga je pričekati da zajedno ručaju, ali više nije mogla izdržati, a nije znala ni koliko će se zadržati na poslu. Spremila mu je ostatak ručka u pećnicu i odlučila s Janom prošetati oko zgrade. Osjećala je da će od danas sve biti drugačije. Odlučila je da će biti dobro. Glumit će sve dok ne uspije pronaći način da se nosi sa svime. Nitko oko nje ne mora znati što prolazi dok god ne pronađe način na koji će riješiti problem sa svojom glavom. Gledala je u Janu koja je spavala u kolicima. Obožavala je šetnje. Nije imalo nikakve veze je li vani sunce i teška vrućina ili temperatura u minusu, to je dijete obožavalo svježi zrak. Jana je bila najvažnija osoba u Norinu životu i Nora je toga u svakom trenutku bila svjesna. Zamislila je sebe u posljednjih nekoliko mjeseci. Zamislila se kako leži u mračnoj sobi, kako stoji u kupaonici s punom šakom tableta u ruci, kako hoda po kući kao zombi, kako je doma stalno vladala sablasna tišina i kako ona i Viktor izgledaju kao dva neprijatelja natjerana da žive zajedno. Takav si život odlučila stvoriti svojoj kćeri? Izabrala si biti takva mama? To si naučila od svoje mame?

U trenutku se posramila. Točno je mogla osjetiti trenutak u kojem se ponovno prepušta mislima što je odvode u stanje iz kojeg danima ne može doći k sebi. Pokušala se sabrati i duboko disati i onda se dogodilo nešto prekrasno. Jana se nasmijala u snu. Samo joj je to bilo potrebno. Samo se trebala naučiti držati tih malih stvari na koje glava može reagirati sa zahvalnošću. Samo mora biti zahvalna i njezino će se raspoloženje popraviti. Ne možeš biti zahvalan i osjećati se loše.

Viktor se vratio u prazan stan. Osjetio je olakšanje i odmah nakon toga tugu što se veseli dolasku u prazan stan. U kuhinji je pronašao prazan, prljavi tanjur i dodao to na gomilu stvari koje bi ga povrijedile na dnevnoj razini. Znao je da mu inače činjenica da je Nora samo sebi pripremila jelo, kao da on ne postoji, uopće ne bi smetala, ali sada nije postojalo nešto što ona učini, a da njemu ne smeta. Do sada se već i on naučio igrati svojom glavom, osjećajima i reakcijama, tako da je mogao osjetiti neke odlučujuće trenutke. Ovo je bio jedan od njih. Tko bi rekao? Od svega što se dogodilo u posljednjih nekoliko mjeseci, presudan je bio jedan prljavi tanjur. Čim mu je ta misao prošla kroz glavu, morao se nasmijati. U sekundi se smirio i s potpunom sigurnošću znao da će sve biti u redu. Bio je zahvalan na miru koji je mogao fizički osjetiti u toj jednoj jedinoj sekundi. Sve će napokon biti u redu.

Nora je otvorila vrata stana, i kada su kolica blago udarila u vrata koja se nisu do kraja otvorila, Jana se promeškoljila, ali je nastavila dalje spavati kao da je se to ne tiče. Ušle su u stan i Nora je sada mogla vidjeti da je zapela za dva velika kovčega koja su dosad stajala na ormaru u njihovoj spavaćoj sobi.

— Nora, moramo razgovarati. Htjela ti to ili ne.

Ukopala se na mjestu. Osjetila je kako rukama drži kolica, ali noge uopće nije osjetila. To je nekakva čudna kombinacija adrenalina, hormona, živaca i svega što je s nekim ciljem stvoreno u ljudskom tijelu da bi te u ovakvim trenucima upozorilo da se čuvaš jer se sprema nešto opasno. Nešto što još nisi upoznala, nešto što će te možda ubiti. Nije mogla izustiti niti jednu riječ. A željela je. Svom je svojom dušom željela Viktoru reći bilo što, samo da on ne izgovori ono što će ih potpuno uništiti.

– Ne želim se svađati. Nemam više snage za to.

– Što ovi koferi predstavljaju?

– Prihvatio sam posao u Nizozemskoj.

– Viktore, molim te nemoj – rekla je toliko tiho da nije bila sigurna je li to uopće rekla naglas. Nadala se da je, ali po njegovu hladnom pogledu nije mogla biti sigurna.

– Ne mogu više ovako živjeti.

– Molim te, ne ostavljaj me. Znam da sam teška, svjesna sam svega što sam ti radila. Znam da si prošao kroz pakao, ali, molim te, nemoj me ostaviti. Ne mogu to podnijeti. Obećavam ti da će sve biti drugačije. Stvarno hoće. Odlučila sam to – govorila je kroz jecaje, ali Viktor kao da to nije vidio.

– Ma da? Kada si to odlučila? Sinoć kada si otišla od mene? – gledao ju je širom otvorenih očiju. Ona na trenutak nije uopće znala o čemu govori. Nije bila svjesna koliko je malih stvari radila svaki dan koje su njega uništavale. Sada je to mogla vidjeti, ali sada je bilo kasno. Kada je vidjela njegovo lice tako blizu, vraćali su joj se u sjećanje njegovi pogledi. Njegov pogled kada je učinila nešto da se ponovno zaljubi u nju, njegov pogled kada je bila sigurna da je voli, njegov pogled kada se rodila Jana i njegov pogled kada ga je istinski boljela njezina bol. Ovaj sad pogled bio je najgori. Bio je bijesan.

– Nisam te željela probuditi, a nisam mogla spavati. Molim te, shvati me. Pokušavam se izvući iz svega ovoga. Ti i Jana ste sve što imam na svijetu. Molim te, nemoj nas ostaviti. Ne znam mogu li to podnijeti.

– Možeš li to podnijeti? Nora, pa mi se više organski ne podnosimo. Ljubav i poštovanje da ne spominjem. Misliš da možemo tako živjeti? Pa ovo je gore od zatvora. Svaki aspekt mog života krenuo je u krivom smjeru.

– Viktore, preklinjem te. Daj mi još samo jednu šansu. Evo, molim te. Svim svojim bićem te molim da ne ideš.

– Tebi treba pomoć koju ne želiš i onda preostaje samo da sama nađeš način da to riješiš. Ja ti ne mogu pomoći, a ako ostanem, oboje ćemo poludjeti. Jana to ne zaslužuje. Ti ne zaslužuješ živjeti ovako, a ne zaslužujem ni ja.

– Znači, ti ovo radiš zbog nas? – sada je i Nora mijenjala raspoloženje. Mogla je točno osjetiti promjene raspoloženja koje su se događale i sada je postala ljuta. Nije imao pravo to izvesti ovako. Bez upozorenja.

– Viktore, koliki si ti meni rok dao da prebolim mamu i tatu? Kako me možeš ostaviti? – rekla je tihim i mirnim glasom, ali sa savršeno jasnom porukom.

– Kako te mogu ostaviti? Jesi li ti, Nora, uopće svjesna što radiš? Trebalo nam je ravno 30 sekundi da započnemo svađu. Svjesna si da je to sve što Jana sluša posljednjih nekoliko mjeseci? Mislim da je ovako najbolje i za tebe i za mene i za nju. Neko će vrijeme biti s mojima jer...

– Ma ne dolazi u obzir, što je s tobom? – upala mu je u pola rečenice. – Jana je moje dijete.

– Pa nisi se baš tako ponašala – mama! – rekao je s toliko gađenja u toj riječi "mama" da Nora nije mogla vjerovati. Reagirala je u sekundi i onda to više nije mogla povući. Opalila mu je šamar i automatski se primila za usta u čudu. Ovakvu reakciju nisu očekivali ni on ni ona.

– Oprosti, ne znam što mi je – pokušala je, ali Viktor je samo gledao u nju. Najpraznijim pogledom koji joj je ikada upućen. Više nije znala što da radi. Željela je da shvati kakvu pogrešku radi. Jednu od onih koje sve promijene i zbog kojih nikada više ništa neće biti isto.

– Viktore, pogledaj što radiš, ostavit ćeš svoje dijete?

– Ne ostavljam ja svoje dijete, ti me tjeraš od nje!

– Jesi li ti normalan? Stvarno ćeš živjeti s tim opravdanjem?

– Nije to opravdanje, Nora, to je posljednji pokušaj da sačuvam zdrav razum.

— To je zadnji pokušaj da sačuvaš svoju karijeru! Kad si već tako snažan u svojoj odluci, onda nazovi stvari pravim imenom.

— Hoćeš to? Da, idem u Nizozemsku jer mi je važna karijera i ne sramim se toga. Možda da si ti imala neku motivaciju u životu, ne bi cijele dane provodila zatvorena u sobi. Ne planiram napustiti Janu. Nikada joj u životu ništa neće nedostajati i ja tamo ne idem zauvijek, ali s tobom više ne mogu živjeti. Razumiješ, Nora? Ne znam više kako te voljeti. Nemam potrebu učiniti da se osjećaš bolje.

Gotovo. Slomio ju je. Što uopće reći na to? Ne postoji način da nekoga natjeraš da te voli. A što i da postoji? Možeš li doista živjeti s time da si nekoga natjerao da te voli? Možeš li se tako ikada osjećati voljeno?

Otišao je, a ona je pala na pod. Plakala je slomljena i sama. Kako je došlo do ovoga? Kako je završila ovdje? Koliko njezino srce uopće više može podnijeti? Nije znala koliko je vremena provela sklupčana na podu i vjerojatno nikada više ne bi ni ustala da nije čula Janu kako plače. Došla do svoje kćeri i nježno je poljubila. Obrisala je svoje suze s njezina lica, zagrlila je i legla s njom na kauč. Nije ju željela pustiti. Nije željela ni sekundu pustiti jedino što ima u svom životu.

15

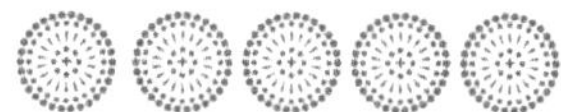

Koliko je samo puta u posljednjih nekoliko mjeseci poželjela da je svi ostave na miru. Evo, želja joj se ostvarila. Sjedila je u dnevnoj sobi potpuno sama i ostavljena na miru. Osjećala je nevjerojatnu tugu. Pokušala je razlikovati tugu koju osjećaš kada nekoga izgubiš i kada je netko odlučio da si ga izgubila. Teško je reći koja boli više ili manje. Prvo je potpuno nepošteno i svi u toj situaciji najprije pomisle čime su to zaslužili. Dopuštaju si u tom trenutku pomisao da je bilo kakvo njihovo ponašanje, dobro ili loše, imalo utjecaj na razvoj događaja. To užasno boli i teško je prihvatiti. Dogodi se iznenada i osjećaj je kao da iznova primaš šamar kojem se nisi nadao. I koliko god puta primili taj šamar, svaki mu se put iznenadite i svaki put jednako potrese svaku stanicu u tijelu.

A ono kada nekoga izgubiš jer je otišao, to je izbor. Taj drugi dio je zapravo niz situacija na koje si realno mogla utjecati, ali nisi. Ili jesi i onda je to dovelo do toga da nekoga izgubiš. Odnosno, da nisi ništa učinila, možda ne bi došlo do tog gubitka. Kada nekoga izgubiš nenadano, cijeli život možeš živjeti u uvjerenju da te nikada nisu mislili ostaviti. Ali kada te netko ostavi, cijeli život živiš s time da je netko mogao donijeti odluku da te ostavi iza sebe. Kao da nikada nisi ni postojala.

Bila je povrijeđena i posramljena. Mogla je sebi govoriti što je htjela, ali znala je kako se ponašala i znala je da je dovela do toga da je Viktor ostavi. Kako to obično bude nakon predugog razmišljanja o jednoj te istoj stvari, misli se počnu formirati u različitim smjerovima. Tako je i ona od povrijeđene osobe brzo postala ljuta osoba. Možda je to način na koji sam sebe pokušavaš zaštititi. U svakoj ćeš situaciji, ako dovoljno dugo okrećeš stvari, pronaći opravdanje za svako svoje ponašanje.

– Koji je zapravo njegov problem? Ostavio je svoje dijete! Znači, to ne radiš! Bilo je teško, nitko nikada nije rekao da neće biti, ali to ti ne daje pravo da odeš. Odnosno, daje ti pravo, ne moraš živjeti na silu s nekim, nitko te ne drži, ali ne odlaziš u drugu zemlju i samo ostaviš sve iza sebe. I što onda!?! Tu ti sad više nije simpa pa ćeš si tamo složiti novi život – stajala je u kuhinji i prala posuđe. Bila je bijesna i ovo je valjda bio način da to izbaci iz sebe. Posuđe je bilo besprijekorno izribano. Pokušala je nekoliko puta leći u krevet ili sjesti na kauč i gledati TV, ali ništa nije pomagalo. Stalno je imala potrebu stajati i hodati. Možda je mislila prehodati sav taj bijes.

– Kako me mogao ostaviti? – rekla je naglas i osjetila suzu kako joj klizi niz obraz. Sjela je za kuhinjski stol u tišini. Nije mogla vjerovati da je stvarno otišao. Nije mogla vjerovati da ga je preklinjala da ostane. I nije mogla vjerovati da je toliko više nije volio da mu to apsolutno ništa nije značilo. Pogledom je uhvatila pećnicu i sjetila se ručka. Pomislila je kako je danas sve trebalo biti drugačije. Danas je trebao biti dan u kojem će on vidjeti da je odlučila da će joj biti bolje. Nije mu to mislila reći jer je glupo zvučalo: *Viktore, čuj odlučila sam da ću biti bolje.* Nije mu to htjela reći jer je mogla nabrojati nekoliko njegovih odgovora na to, sve redom u stilu: *Pa, rano si se i sjetila.* Bilo ju je strah svega što bi mogao reći, a nju bi moglo povrijediti ili naljutiti. Znala je da je svaka njihova rasprava na taj način pokrenula svađu i zato mu je odlučila pokazati. Taj glupi ručak trebao je biti jasan znak.

Točno je osjetila trenutak u kojem se pojavio novi osjećaj. Ljutnju i tugu polako je zamijenio strah.

Kroz glavu joj je prošlo ono što bi ona definirala kao točno 678 misli u samo jednoj minuti i shvatila je koliko razloga za strah zapravo ima. Ona i Jana bile su potpuno same na svijetu. I ne samo to, bile su same u Viktorovu svijetu, a Viktor ih je upravo napustio. Ona nije imala ništa. Živjeli su u njegovu stanu u kojem se prvi put osjetila kao stranac. Nije imala posao i nije imala kamo pobjeći ako išta krene po zlu. Bilo ju je strah da se neće sama moći brinuti za svoje dijete. Taj osjećaj nije znala definirati, ali bio je jedan od najružnijih koje je ikada imala. Strah i sram da će njezinoj kćeri nešto nedostajati jer ona nije dovoljno sposobna. Shvatila je kako drži mobitel na uhu i čuje kako zvoni, ali nije bilo odgovora. Kada je osvijestila što radi, nije mogla vjerovati da je bez razmišljanja nazvala Moniku. Zapravo ju je jedino tako i mogla nazvati, jer da je samo na sekundu razmislila i sjetila se njihova zadnjeg razgovora, shvatila bi koliko je nevjerojatno glupo očekivati da još ima pravo nazvati je u bilo koje doba dana i noći. Nije ona zapravo uopće imala pravo nazvati Moniku. Ona je to pravo izgubila kada je potpuno svjesno izgovorila riječi za koje je znala da će je povrijediti. Znala je koliko bi nju povrijedilo da je njoj Monika učinila takvo što. A mogla je. Znala je njezine najdublje strahove, komplekse i brige jer je to ono što dolazi s prijateljstvom. Povlastica da imaš jedan od najmoćnijih odnosa u životu i moć da potpuno uništiš osobu o kojoj znaš i najmanju sitnicu. A ona je to učinila. Točno je znala čega se Monika boji i iskoristila je to na najružniji mogući način. U tom se trenutku toliko posramila ponašanja i postupaka prema Moniki da joj je postalo fizički loše. Otrčala je u kupaonicu i povratila. Ostala je sjediti na podu kupaonice naslonjena na WC školjku plačući naglas. Ne samo da je bila tužna, ostavljena i zaboravljena, ona je za sve to bila i kriva. *Zaslužuješ se ovako osjećati, smeće jedno usrano.* Shvatila je da je izgubila ama baš sve što je ikada imala u životu. Bilo svojom zaslugom ili odlukom svemira. Pomislila je da, ako ima pravo na jednu želju, želi zaspati i nikada se više ne probuditi. Drugi izlaz nije vidjela.

Točno je u tom trenutku Jana zaplakala. Bio je to plač kao da je sanjala nešto ružno. Suze su joj tekle niz maleno, nevino lice i bila je preplašena. Nora je ustala i otišla do njezina krevetića. Primila ju je nježno i zagrlila. Kao čarolijom, osjetila je kako se obje smiruju. Reakcije koje se dogode u ljudskom tijelu kada osjetite bliskost, nevjerojatnom brzinom djeluju na mozak i smiruju ga u sekundi. Nije li prekrasno što je zagrljaj način da se te reakcije pokrenu? Nora je osjetila da će sve biti u redu. Ona će se pobrinuti da sve bude u redu. Ovo je dijete njezin život i ne postoji to što za nju neće učiniti. *Mama će zauvijek paziti na tebe. Obećavam ti, ljubavi.*

Odlučila je sjesti i posložiti misli. Spavati očito ne može, pa može onda početi nešto raditi s tom svojom glavom. Ako ništa drugo, može barem definirati probleme koje ima. To neće biti zabavno, ali će barem prestati samo galamiti u zid i razgovarati sama sa sobom. Krenula je od svoje i Janine trenutne situacije. Znala je koliko Vesna i Mate vole Janu i znala je da nikada ne bi dopustili da joj se išta dogodi, samo nije znala koliko u njihovim očima i ona dolazi u tom paketu. Sjetila se Viktorove ideje da Jana ide k njima i u tom se trenutku prestala bojati. *Dobro, to nikako ne dolazi u obzir. Moje mi dijete nitko neće oduzeti.* Počela ju je hvatati panika jer nije znala odakle krenuti. Osjetila je kako ne može disati i otišla je na balkon kako bi došla do zraka. Noć je polako prelazila u dan, a ona je tek sada shvatila da cijelu noć nije spavala. Odjednom je čula zvono na vratima. Preplavio ju je osjećaj straha jer nije imala ni najmanjeg pojma tko bi to mogao biti, ali poučena dosadašnjim iskustvom, bojala se da je to nešto loše.

Duboko je udahnula i otvorila vrata na kojima je stajala ona prekrasna budala od Monike s jogurtom i smokićima. Ako tad nije osjetila najveću zahvalnost u životu, vjerojatno nikada i neće.

— Možda se jogurt malo pokvario, ali to je zato što već neko vrijeme čekam da dođeš k sebi.

Nora je samo počela plakati. Osjetila je takav nalet adrenalina da je pomislila da će se srušiti ako se iste sekunde ne primi za zid. Ona ne zaslužuje Moniku. Ne zaslužuje da nekomu prema komu je bila toliko odvratna bude toliko stalo do nje. Koliko mora biti prekrasna osoba? Znate li prepoznati onu gestu i onaj trenutak kada sa svakom stanicom u tijelu znate da vas netko voli? Onako istinski voli, kao dio sebe. Od tih se osjećaja treba sastojati život, a svatko na zemlji sigurno ima takvu osobu, samo je treba pronaći. Pronaći, cijeniti i nikada ne pustiti.

— Nora, za ime Božje ajde prestani cviliti.

Sve je znala. Znala je Monika da je Nori žao, znala je i da ona nju voli i da je nikada ne bi namjerno povrijedila. Znala je isto tako i da će Nora doći k sebi i da je u tom trenutku bila u stanju u kojem je najbolja stvar bila pustiti je na miru. To naravno ne znači da te riječi nisu boljele. Ne znači da Monika nije bila tužna i ljuta na nju, ali je cijelo vrijeme znala da je to samo kratkoročno stanje. Jer to znaš s ljudima koje voliš.

— Ali ja sam bila najveće govno na svijetu prema tebi — govorila je kroz suze.

— To je istina, da, i nemoj me krivo shvatiti, spremna sam ljutiti se na tebe sa stilom, ali ne sada. Moramo te malo popraviti jer se nema nikakvog smisla ljutiti na tebe kada si ovako slomljena — rekla je i zagrlila Noru.

Zamislite osjećaj kada se raspadate i čini vam se da ste samo skupina malih komadića. Mislite najlošije o sebi, mislite da ne zaslužujete ništa i nikoga u životu, a ne možete pobjeći iz svoje kože. I onda netko dođe i zagrli vas i svi se ti komadići ponovo spoje. I opet ste cijela osoba. Zbog jednog jedinog iskrenog zagrljaja.

Monika je skuhala kavu i sjele su na balkon. Nora joj je ispričala sve što se dogodilo s Viktorom. Bez ikakvog razmišljanja ili suzdržavanja, ispričala joj je koliko je tužna, ljuta i povrijeđena njegovim odlaskom. Ispričala joj je i koliko je ona za sve to kriva. Rekla joj je da se boji ostati u njegovu stanu jer ne zna kako će Vesna reagirati. Preseljenje k

Moniki objema je palo na pamet, ali to nije bilo moguće jer se Monika u međuvremenu preselila u malenu garsonijeru. I jednoj i drugoj bilo je čudno što Nora u jednom trenutku nije znala gdje Monika živi. Iste su sekunde počele razgovarati o svakodnevnim stvarima kao da nisu prošla dva mjeseca otkako su se zadnji put vidjele. Nora je u tom trenutku shvatila što je lijek za apsolutno svaki problem na svijetu. Kava s prijateljicom.

Provele su na balkonu sat i pol i ušle u stan tek kada se Jana probudila. Monika je potrčala kao da je kuća u plamenu, samo da bi uzela Janu prije Nore. Nora je s druge strane lagano ušetala, smjestila se na kauč i smireno zaspala.

— Kužiš, Jana, znam ja da ona nije cijelu noć spavala i to što sad spava je super, ali zbilja mi to njezino spavanje već malo ide na živce — rekla je onim sarkastičnim tonom koji najbolje dokazuje da će sada sve biti u redu.

16

Prošla su tri dana otkako je Viktor otišao. Nora je još mijenjala raspoloženja, ali ljutnja je svakako prevladavala. Svakim danom njegov joj je odlazak postajao sve čudniji jer se sve ostalo nastavilo normalno odvijati. Ona i Jana budile su se, šetale, igrale se, kuhale i tražile mami posao. Nije mogla ne osjećati tugu i strah zbog njegova odlaska, ali bi se svaki put sve svelo na činjenicu da je to bio njegov izbor.

Čula je zvono na vratima i pomislila da je vjerojatno Monika, iako joj nije bilo jasno otkad to ona glumi finoću s tim zvonom. Otvorila je vrata i vidjela Vesnu. Glupa situacija. Obje su šutjele i gledale se možda sekundu, ali činilo se da to traje puno dulje.

– Slobodno uđem?

– Da, naravno. Oprostite – rekla je Nora i pustila je da prođe.

Ušla je u stan, skinula jaknu i izula cipele i odmah sjela na pod kraj Jane. Počela joj je tepati, grliti je i igrati se s njom, a Nora nije bila sigurna gdje da stane.

– Jeste li možda za kavu ili sok? – odlučila se na to pristojno pitanje koje postaviš kada ne znaš što reći.

– Ne, hvala. Neću dugo.

Samo ju je nakratko pogledala i vratila se igranju s Janom.

Nora je stajala u kuhinji, okrenuta leđima dnevnom boravku u kojem su se njih dvije igrale na podu, i malo se suzdržavala od smijeha. *Kao, nećemo ništa komentirati? Stvarno? Pravimo se da je sve kao inače? Pa ok, hajde.* Znala je točno kako bi Vesna komentirala oca koji napusti svoju obitelj. Točno je znala tradicionalni stav u vezi s takvim ponašanjem – to se ne radi i točka. Bez obzira na razlog. Jedino što nije znala bilo je odnosi li se to i na situaciju kada se radi o njezinu sinu. *Možda ne zna? Ma da, najbolje da ne zna, vjerojatno mu je pomogla s pakiranjem.* Ubrzo je Vesna ustala i krenula prema vratima. Nora opet nije bila sigurna što treba učiniti pa je krenula za njom.

– Samo sam vas željela na kratko vidjeti. Uživajte.

– Naravno, hvala na posjetu – rekla je uz smiješak.

– Ne znam ja, kćeri moja, što je ovo sad bilo – rekla je Nora tiho čim je zatvorila vrata.

– Baba.

– Baba tvoja, da, to znam, hvala na informaciji.

Ovi su se posjeti počeli ponavljati svaki drugi dan i bili su sve manje pristojni. Nora bi svaki put ponudila Vesnu kavom, ali Vesna nikada nije pristala. Mislila je da će moći barem jednom sjesti s njom i otvoreno porazgovarati o cijeloj situaciji kao dvije odrasle osobe. To se nije dogodilo, pa se Nora nastavila micati po stanu kako bi se Vesna mogla igrati s Janom. Nije nikada imala namjeru utjecati na odnos između njih i Jane. Ona im je unuka i oni su njezini baka i djed i tako će biti cijeli život. Sjetila se odmah svoje mame i tate i posebnog osjećaja koji je imala kada su oni bili blizu Jane. Shvatila je da će joj taj osjećaj ostati za cijeli život i bila je zahvalna na tome.

– Tata stalno pita za tebe, zlato – rekla je Vesna glasnije, očito kako bi Nora čula. I čula je, naravno, ali od svih načina na koje su mogle spomenuti Viktora ovo iz nekog razloga nije očekivala. Nije znala zašto točno, ali nije to očekivala. Iznenadilo ju je pa na kraju nije nikako reagirala, nego je samo nastavila guliti krumpir za ručak.

Znači, oni su u kontaktu. Nevjerojatno. Jana će cijeli dan biti uzbuđena što je tata pitao za nju, s obzirom na to da ima godinu dana, pa kuži sve. Što tu ne nazove? Idiot i on i ta njegova suptilna mama. U trenutku je postala bijesna i poželjela je Vesni svašta izgovoriti, ali se suzdržala. Na kraju krajeva, nije ona kriva za to sve. Nije ni da pomaže tim glupim komentarima, ali nije ni kriva. I osim toga, nije željela da mu Vesna, kad se čuje s tim kretenom, može reći kako je luda Nora dobila napadaj na sam spomen njegova imena. *Nek' se goni, seronja!*

Dane je provodila u šetnjama i igranju s Janom i uživala je u tome, ali trebao joj je posao. Novca više nisu baš imale, a troškovi su se samo gomilali. Jadala se Moniki koja je stvarno uskakala koliko je mogla, čak i više od toga, ali to nije bilo rješenje. Još nije dobila niti jedan poziv na razgovor za posao. Počela ju je hvatati panika, i koliko god se pokušavala smiriti, znala je da je na rubu živaca. Na onom rubu koji je samo čekao neki Vesnin komentar. Pojavila se na vratima s pelenama i hrpom hrane za Janu koju je ostavila u kuhinji.

– Vidi, zlato, tata ti šalje igračku – rekla je i sjela kraj Jane na pod.

Ma ova mora da se šali, pomislila je Nora i shvatila kako gubi strpljenje. Palo joj je na pamet da ode do trgovine ili da samo izađe, jer je osjećala da će puknuti na tu ženu. Palo joj je na pamet i brzo ju je prošlo. Znala je da bi to bilo najpametnije u ovom trenutku, ali s obzirom na to koliko je već bila pod pritiskom zbog cijele situacije, kao da je podsvjesno tražila neki ventil.

– Nora, Viktor je poslao novac za vrtić u koji možeš upisati Janu. Stan ne plaćaš jer je Viktorov pa s ovim iznosom Jana može u neki bolji vrtić.

– Neće Jana u vrtić dok ja ne nađem posao. Nema smisla da sam ja doma, a da ona bude u vrtiću.

– Svakako nema smisla da si ti doma, da, ali netko je treba paziti dok ti ideš na razgovore. Ideš na razgovore za posao, zar ne?

– Snaći ću se, ne brinite se. Sigurno neće ostati sama u stanu.

Dobro je Nora, dobra si bila. Nisi je napala i super, bravo, govorila je u sebi, ali onda je Vesna nastavila razgovarati s Janom, a sav Norin trud oko suzdržavanja ubrzo je pao u vodu.

– Tvoj tata Viktor tebe jako voli, znaš?

– Vesna, hoćete mi objasniti zašto joj to stalno govorite? Mislite da neće znati da ima tatu? Mislite da ću ja njoj to skrivati? Mislite da njemu netko brani da bude sa svojom kćeri? Što točno mislite postići tim glupostima?

Očito je bilo gotovo sa suzdržavanjem.

– Ti, Nora, možeš o Viktoru misliti što hoćeš, ali on je otišao da bi se brinuo o svojoj obitelji.

– Ma u to čak ni vi ne vjerujete. Nemojte, molim vas, prodavati tu priču *trbuhom za kruhom* jer je njegovu trbuhu bilo kruha i tu.

– On se skrbi za Janu, njoj nikada ništa neće nedostajati. Mislim, imate krov nad glavom zbog njega i Jana će ga uvijek imati – rekla je i otišla iz stana.

– Je li ona to mene sad suptilno izbacila iz priče? – pitala je Nora Janu, koja je samo okretala igračku po rukama.

U tom je trenutku Nora obećala svojoj kćeri da će se preseliti u svoj stan. Donijela je odluku i naći će način da je ostvari, makar joj to bilo zadnje.

Vesna je nastavila s glupim izjavama, ali je Nora našla idealan način da se s njima nosi. Na svaku njezinu rečenicu, Nori je odmah palo na pamet što bi joj odgovorila, onda bi se nasmijala tom svom odgovoru, smirila se i samo šutjela. Nije to bio najbolji način rješavanja situacije, ali je Nori svakako bio najzabavniji. U nekim je trenucima bio i jedini dok Vesna sa svom svojom kosom ne bi izašla iz stana.

– Mislim da ima posla za one koji žele raditi.

Naravno. Tolike sam ponude odbila jer čekam ono nešto savršeno. Ne bih ja sad radila bilo što. Ne, ja čekam da me pozovu na direktorsku poziciju, ni na što manje ne pristajem i gotovo.

– Svi s diplomom koje ja znam, rade.

Znaš ih uz mene još ravno troje, ti luda ženo.

– Viktor je odličan otac jer se skrbi za Janu.

Bravo za Viktora, on bi trebao bez zajebancije neke seminare držati o tome kako se brinuti za obitelj.

– Još ništa od posla?

Ne, ne našla sam ga, ali bilo mi je dosadno prvi dan pa sam dala otkaz.

– Evo, ja ne razumijem, moja susjeda je baš neki dan išla na razgovor za posao i dobila ga je i sad počinje raditi.

Ma nemoj mi to pričati, moja susjeda baš neki dan napravila večeru i muž joj s posla došao doma. Zamisli! Doma je došao da bude sa svojom ženom i djetetom. Vidiš ti kako svega ima na tom ludom svijetu.

Pronalazila je Nora načine da ignorira Vesnine strašno suptilne izjave, ali ništa joj nije pomagalo sa strahom i panikom koja se svakim danom sve više pojačavala. Ponadala bi se svaki put kada bi vidjela poruku na *mailu*, ali to je uvijek bila odbijenica. Provjeravala je *mail* svakih deset minuta i to se polako pretvaralo u opsesiju. U tom je trenutku u folderu imala 34 poslane molbe za posao.

– Nešto mora proći, Jana, zar ne? – Jana je na to pljunula, što si je Nora odabrala da znači, *da mama.*

Uspijevala je pronaći načine da u Jani nađe želju za životom. Sada je već svjesno mogla prepoznati trenutke u kojima se bori s dolaskom misli koje su ju dosad rušile u krevet u zamračenoj sobi. Želja da svojoj kćeri omogući normalan život bila je toliko jaka da više nije mogla zamisliti da se prepusti tom načinu razmišljanja. Još su joj svakim dijelom bića nedostajali mama i tata, ali si je to sada dopustila bez osjećaja krivnje. Nedostajao joj je i taj idiot Viktor, ali na njega je bila ljuta pa se s time jednostavnije nosila.

Svako je jutro počinjalo Janinim buđenjem. Nakon maženja u krevetu pripremila bi im doručak i sebi kavu. Kada bi se Jana počela zabavljati s igračkama, Nora bi sjela za laptop i bacila se u pregled svih stranica i portala na kojima je ikada vidjela oglas za posao. Pregledavala je škole, ministarstva, vrtiće, stranice zavoda za zapošljavanje i sve što bi joj palo na pamet. Na početku se prijavljivala samo na poslove u struci, onda se počela prijavljivati na sve za što je mislila da bi znala raditi, a sada je morala početi s prijavama za stručno osposobljavanje bez zasnivanja radnog odnosa. Ti su oglasi činili, po njezinoj procjeni, 80% svih oglasa za posao i ako nešto pronađe, to će vjerojatno biti stručno.

– Jana, evo našla sam ga. Najrealniji oglas za posao ikad. Traže osobu do 25 godina, sa završenim fakultetom i minimalno 5 godina iskustva. Znači, takva osoba ne postoji ako nije upisala fakultet sa 15 godina, završila do dvadesete i odmah pronašla posao na kojem je već 5 godina – okrenula se prema Jani koja se kesila. Gledala ju je s facom za koju je sada već znala da će nasmijati mamu. Gledala je svoju prekrasnu kćer. Plava kosa s razigranim uvojcima i oči plave kao nebo bile su sve što joj je trebalo za sreću. Divila se osobi u koju će njezina kći izrasti. Razigrana i puna želje da sve istraži, znala je satima proučavati jednu te istu igračku. Bila je smiješna i zabavna, bila je pametna i sve je upijala do te mjere da je Nora morala paziti što govori. Bila je njezina najbolja prijateljica i njezinu je životu davala puni smisao.

Primijetila je da je sve češće hvataju lagani napadaji panike. Prošla su već tri tjedna, a ona nije bila čak ni pozvana na razgovor. Trudila se za svaku prijavu napisati posebnu molbu i vjerovala je da to čini razliku, ali polako je gubila nadu. I jutros je obavila svoju uobičajenu pretragu, ali nije bilo novih oglasa za posao pa je odlučila s Janom otići u šetnju i vidjeti ima li novosti kod Zavoda za zapošljavanje. Taman se okrenula u trenutku kada je Jana stala na noge i ostala stajati. Malo je nedostajalo da punu šalicu vruće kave prolije po sebi od brzine kojom je skočila. Jana ništa od toga nije registrirala, nego je s punom koncentriranošću krenula napraviti korak. U tom je trenutku Nora preskočila pola sobe vrišteći od uzbuđenja i hvatajući mobitel kako bi je snimila.

Napravila je dva koraka i pala, ali se počela smijati jer je Nora izgledala kao luđakinja kojoj ne možeš drugo nego smijati se. Vikala je bravo, smijala se i skakala oko Jane koja ništa nije razumjela, ali je shvatila da su sretne.

Istog dana Vesna je ponovno došla u posjet i ovoga je puta Nora bila sretna jer je morala što više ljudi informirati o nevjerojatnom uspjehu svoje kćeri.

— Idemo baki pokazati novosti? — rekla je Nora uzbuđena kao malo dijete. Podigla je Janu na noge i čekala da ponovo napravi korak. Malo se njihala na mjestu i na kraju napravila taj jedan mali korak. Bio je to najelegantniji nesigurni korak koji je ikada vidjela i ponovo je počela vrištati, smijati se i pljeskati. Sada se tom uzbuđenju pridružila i Vesna, što je Janu dodatno nasmijalo.

— Žao mi je samo što ti tata nije tu, da to može vidjeti — rekla je onim posebno tužnim tonom na koji je Nora sad već imala tik.

— Znate što, Vesna, Viktor je sam izabrao da ne bude tu kada se to dogodi — shvatila je u tom trenutku koliko boli kada te netko rastuži u toj sekundi kada osjećaš toliku sreću. Stvarno se nadala da će ovakve stvari moći podijeliti s Vesnom, bez obzira na cijelu situaciju. Nije joj bilo jasno zašto je toliko ne voli. Ne može li barem uvidjeti da su Nora i njezin sin stvorili to malo čudo koje ona nesumnjivo obožava? Ne može li barem zbog toga pronaći način da se prema njoj ponaša lijepo?

– Nije to baš bio izbor kada je doveden do toga, i ti to dobro znaš.

U tom se trenu Nora posramila i uplašila da će je taj negativni osjećaj ponovo slomiti. On je otišao jer je ona bila nemoguća. Samo je šutjela jer je sada već imala onaj poznati osjećaj u grlu kada točno znaš da će sljedeća riječ biti izgovorena kroz plač. Nije uopće važno koja je to riječ ili kome će biti upućena, kada osjetiš tu glupu tjeskobu, znaš da ćeš se rasplakati ako ne zašutiš i ne smiriš se. Poželjela joj je samo reći da je poslala Viktoru video jer nikada nije sumnjala u njegovu ljubav prema Jani, niti bi željela da propusti išta u njezinu životu, čak i ako njih dvoje više nikada ne budu funkcionirali. Ali nije joj to uspjela reći. Vesna je u svom stilu ubrzo otišla i ostavila Noru da se nosi s osuđivanjem za sve što je ikada pošlo u pogrešnom smjeru.

Nakon ručka, Jana je ostala sjediti na kauču s daljinskim upravljačem. Gledala je pospano u Noru i rekla: "Cutići"

– Može crtići, da, odlična ideja.

Zaspala je u roku od tri minute sklupčana u Norinu zagrljaju kojoj je ponovno sve postalo mirno i spokojno. Cijelo je vrijeme gledala u svoje prekrasno dijete i osjećala zahvalnost na tome što je ima u životu. Sjetila se ponovno svoje mame i tate. Imala je osjećaj da točno može zamisliti koliko bi njezin tata skakao od sreće da je mogao vidjeti Janine prve korake. Imala je osjećaj da bi mama napravila tortu s cipelama na vrhu jer se sve veliko mora slaviti tortom. Sve je to mogla jasno vidjeti u svojoj glavi iako ih nikada nije vidjela u takvoj situaciji. Ovaj osjećaj tuge za njima nikada neće proći, ali to je u redu. Oni su zaslužili da ih se nikada ne zaboravi.

Suza joj je krenula niz lice, ali se osjećala dobro. Gledala je svoje dijete i znala je da joj mora biti onakva kakvi su njezini roditelji bili njoj. Imala je najbolji uzor koji se može poželjeti i točno zna kako se treba ponašati u svakoj situaciji. Sada je njezin zadatak bio pronaći posao. Ona je ta koja mora njima dvjema pružiti sigurnost. Neće se uopće dovesti u situaciju da ovisi o Viktoru ili njegovim roditeljima i da oni na bilo koji način imaju pravo govoriti o Jani. Kucat će od vrata do vrata dok je netko ne pristane zaposliti, i to je to.

Jana kao da se sjetila da je zaspala bez njihove pjesmice pa se počela meškoljiti. Nora je počela s pjesmicom koju su recitirale svaki put prije spavanja, a Jana se ubacivala s pokušajima oblikovanja riječi koje je dosad naučila.

– Postoji jedna krasna mala…

– *… dama…,*

– … koju najviše na svijetu voli njena…

– *… mama.*

– Ona je izvor sve njene…

– *… srece…*

– … i od te ljubavi nema na svijetu…

– *… vece.*

– Ako mama ima pravo na samo jednu…

– *… zelju…,*

– … to je da njen anđeo cijeli život provede u…

– *… veseju.*

17

Na mobitelu je vidjela da ima novi *mail* i odmah požurila do računala. Iz nekog je čudnog razloga više voljela sjesti pred ekran i provjeriti poruke. Možda je samo koristila to vrijeme da se pripremi u slučaju da vijest nije dobra ili je samo bilo puno teže nešto slučajno stisnuti i poslati nešto preko računala nego preko mobitela. *Mail* je bio od jedne škole u koju je išla na razgovor za poziciju na stručno usavršavanje i sada je dobila informaciju da je poziciju dobio netko drugi. Nije joj to bilo prvi put da je odbijena, a kako je krenulo, nije ni zadnji, ali evo baš ovaj put ju je užasno povrijedilo. Sjedila je pred ekranom i plakala, što od tuge, što od ljutnje. *Kako je više uopće moguće da ni na jednom razgovoru nisam zadovoljila kriterije? Koji je vrag sa mnom?!?*

Pomislila je da nešto stvarno nije u redu. Ovo ne može biti istina. Tko uopće može podnijeti toliko odbijanja? Možda ona uopće ne zadovoljava uvjete tog glupog programa stručnog osposobljavanja? Bilo je 6 sati ujutro, a ona je odlučila istražiti cijeli program stručnog osposobljavanja za rad bez zasnivanja radnog odnosa. Morala je pronaći neki razlog jer će u protivnom početi napadati ljude kojima ide na razgovor da joj izvole reći točno zašto ona nije dobila posao.

– Znači, program je zamišljen za osobe mlađe od 29 godina. Dobro, to jesam. Osoba mora biti prijavljena na zavodu za zapošljavanje barem 30 dana, to svakako jesam. I mora imati manje od godinu dana radnog iskustva, to imam, odnosno nemam ga uopće zahvaljujući svima vama koji me ne želite zaposliti. Hvala vam doista od srca.

Znala je dosta o tom programu, ali nikada nije zapravo išla istraživati sve elemente i način na koji je to zamišljeno. Što je više čitala i pronalazila informacije na internetu, to je postajala sve ljuća. Shvatila je nakon nekog vremena da zapravo traži neki tekst u kojem će pisati da sve to nije istina jer nema šanse da te gluposti mogu proći u nekoj državi. Monika, koja je navratila na kavu i igrati se s Janom, došla je baš kao naručena da joj Nora može istresti svoje frustracije.

– Jesi ti, Monika, znala da se osobe na stručnom vode kao nezaposlene? Mislim, zašto to? Kako je moguće da odrađuješ 40 sati tjedno i da se vodiš kao nezaposlena osoba? Pa ti meni reci da je to normalno!

– Naravno da nije normalno, ali ne kužim zašto se ti tome sada toliko čudiš. Činjenica da je taj program uopće prošao i provodi se kao ozbiljan dovoljno ti govori.

– Ali to je potpuno glupo! Koji je, recimo, bio problem da ti to ide u radni staž? Mislim, tamo si kao i svi ostali kojima se to normalno računa, zar ne?

– Ne znam, Nora, nisam to baš puno proučavala.

– Jesam ja, ne brini se. Na početku je bilo još gluplje. Mislim, nevjerojatno stvarno da je to predloženo i onda se još našao potreban broj ljudi da kaže, ajme, super ideja. Uvedeno je 2010. godine i tada je taj program bio za osobe koje su morale položiti stručni, državni ili majstorski ispit do 25. godine za srednju školu ili 29. godine za fakultet i te osobe su morale imati manje od 6 mjeseci radnog staža. I *ok*, onda su se 2012. godine predomislili i odlučili da može to biti i za osobe koje ne moraju polagati te ispite, a imaju manje od 6 mjeseci staža i prijavljeni su na zavodu najmanje 90 dana. Kao u smislu, super, ekipa, već tri mjeseca tražite posao i sada napokon zadovoljavate da vas zaposlimo kao nezaposlenu osobu na plaću od 1600 kuna. Ej, 1600 kuna! To je, dakle, džeparac, da se razumijemo. E, onda su se iste godine opet odlučili da je glupo da bude tih 90 dana, pa neka bude prijava od barem 30 dana na zavodu za zapošljavanje i staža manje od godinu dana.

— Mislim, očito je koliko je sam program bio detaljno istražen prije provođenja kada su se temeljni uvjeti mijenjali svakih mjesec dana.

— Točno to, ali to još nije bilo gotovo. Plaćali su se troškovi prijevoza prema tome kako putuješ i koliko daleko svaki dan, ali samo do 1000 kuna. Ako ti treba više od toga na mjesečnoj razini, to baš nije normalno. I onda veliki preokret 2015. godine! Taj iznos od 1600 kuna je, kao, zbilja malo, kad bolje razmisliš, nije to u redu, pa su odlučili neka bude 2400 kuna.

— Pa vrhunski, znaš što možeš sve sa 2400 kuna?!? I to pogotovo ako živiš doma, ne moraš ništa plaćati i tipa zaposliš se preko puta stana u kojem živiš. A budimo realni svima je životni san ostati zauvijek živjeti doma. Onda s tih 2400 kuna živiš kao kralj. Možeš jesti što hoćeš. Ne kužim, Nora, u čemu ti vidiš problem? — rekla je Monika sarkastično.

— Da, mislim da možda malo stvarno pretjerujem. A mislim da su i oni to shvatili pa su ukinuli plaćeno bolovanje ove godine u trećem mjesecu. Znači, ako jedan dan ne dođeš na posao, skidaju ti 109 kuna, recimo, i putne troškove za taj dan. Tipa, ozbiljno ti skinu, ono, 7 kuna za putne troškove, jer taj jedan dan nisi takav nezaposlen došao na posao. Jer, naime, kad dođeš, recimo, kupiti mjesečnu kartu za vlak, možeš im reći: Teta, ja ne bih mjesečnu kartu za cijeli mjesec, nego za 27 dana jer je doba prehlada pa mi dajte manje naplatite jer ću koji dan vjerojatno biti bolesna.

– Vidjela sam danas nešto na Facebooku da je nova ideja da ukidaju plaćanje putnih troškova ako putuješ automobilom. Jer, mislim, očito je zašto. Automobili voze na zrak.

– Ma, odvratno je, stvarno. Imam osjećaj kao da su mi uzeli diplomu, koja predstavlja tih prokletih 5 godina učenja, ispita, odlaženja na predavanja, živaca i novca i samo se onako lijepo popišali po svemu tome.

– Tako ispada da, ali mislim da ti je njihov odgovor na to da to nije jedini način da radiš. Mislim, oni to pravdaju kao program koji će potaknuti zapošljavanje, a ne kao jedini način rada.

– Jasno je meni to, ali oni nisu uvjetovali baš ništa poslodavcima i nikome se ne isplati uzeti osobu na normalan ugovor kad ovako može dobiti obrazovanu osobu koju plaća država.

– Mislim da im je uvjetovano da moraju zaposliti neki broj osoba, ako žele koristiti stručno i iduće godine.

– To je istina, ali nisam sigurna da to itko zapravo provjerava, a i to je uvjet za one koji primaju troje ili više osoba na stručno. Tipa, ako si zaposlila troje na stručno, moraš ostaviti barem jednu osobu ako želiš i sljedeće godine koristiti stručno. Znaš ti koliko njih traži samo jednu osobu na stručno? Većina, i njima to nije uvjet.

Monika je mogla u potpunosti razumjeti Noru. Bilo joj je teško, tražila je posao i imala je dijete za koje se morala brinuti. Nije imala nikoga drugoga. Nije imala mamu i tatu da joj uskoče i da je financiraju, nije imala ništa svoje i u slučaju da je odluče izbaciti iz stana, nema kamo otići. Nije imala ništa, a svaki je dan morala stvoriti sve što treba njoj i Jani. U državi koja potiče rađanje djece i stvaranje obitelji, majka koja je visokoobrazovana i živi sama s djetetom mora se nadati da će dobiti poziciju na stručnom osposobljavanju koja se plaća 2400 kuna. Iznos kojim jedva možeš pokriti hranu za dvije osobe na mjesečnoj razini.

Program stručnog ljutio je i frustrirao svaku mladu osobu koja je završila školu, bilo srednju ili fakultet, i krenula na tržište rada, a pogotovo nekoga tko je bio u Norinoj situaciji i koji uopće nema drugu opciju.

— Pokušala sam pronaći način da s tim iznosom od 2400 kuna pokrijem sve što treba meni i Jani i nema šanse, Monika. Stan za nas dvije ili sobu barem ne mogu naći ispod 500 kuna plus recimo 300 kuna za režije i onda imam pelene, hranu i sve ostalo što trebam za Janu i ostane mi, recimo, 400 kuna za cijeli mjesec, a ja još nisam ništa jela, nisam platila put na taj, nazovimo to posao, i nisam platila, recimo, Janin vrtić.

— Da, Nora, ali i Viktor bi trebao nešto plaćati.

— Plaća on, odnosno šalje novce za Janu, ali nije u tome poanta. Stvar je u tome da ja sa završenim fakultetom ne mogu sebi i svome djetetu pružiti sama krov nad glavom, nego moram ovisiti o njemu i njegovim roditeljima koji me mogu izbaciti iz stana kada im puhne.

Noru je bilo strah, ali nije to bio onaj strah kada osjetiš nalet panike pa se smiriš. Ovo je bio konstantan osjećaj bespomoćnosti jer ne možeš ništa nego čekati. Dani su joj trajali predugo. Brinulo ju je to što nema dovoljno novca, a nije se osjećala ugodno to bilo kome reći. Kada bi stigli računi za režije, osjećala bi mučninu i grčeve u trbuhu, osjećala se nemirno svaki put kada bi uzela zadnju pelenu ili potrošila bilo što u stanu. Ušteđevina na računu opasno se približavala nuli i njezin je strah iz dana u dan rastao. Za svaki se obrok morala prisiljavati da jede jer glad uopće nije osjećala, a zaspati noću i naspavati se kvalitetno bio je pojam za koji je i zaboravila što znači.

Znala je da nije sama u ovome, nažalost. Znala je da se s ovim problemom traženja posla nosi većina njezinih vršnjaka i da je situacija užasna. Imala je osjećaj da se o tome stalno govori na sve strane, ali nitko stvarno ne razgovara o tome. Na svim je vijestima mogla vidjeti poznate rečenice i parole kojima političari pokušavaju pokazati da im je stalo, ali pravo suosjećanje nije mogla vidjeti. Zanimalo ju je bi li netko od njih mogao nju pogledati u oči i izjaviti da je ovo vrijedan program? Ili bilo koga od toliko mladih ljudi koji su otišli raditi u inozemstvo samo zato što ovdje nisu mogli pronaći posao? Naravno da su ljudi odlazili iz različitih razloga, ali bilo je toliko njih koji bi stvarno željeli ostati ovdje i iskoristiti svoje znanje i sposobnosti kako bi si izgradili život i zasnovali obitelj.

Ono što ju je još više rastuživalo bila je činjenica koliko su se ljudi počeli na to navikavati. Dok se nije našla u ovoj situaciji, nije znala mnogo o nezaposlenosti, niti se time zamarala. Bilo joj je žao kada bi čula neku izdvojenu priču o osobi kojoj je teško pronaći posao, ali morala si je priznati, koliko god joj to sad bilo teško, da je to razmišljanje nije držalo dugo. Bilo joj je žao, naravno, svih ljudi koji ne mogu pronaći posao, ali to tada nije bio njezin problem. Bilo ju je strah da cijelo društvo počinje razmišljati upravo tako, žao ti je, ali toliko puta čuješ informaciju o broju nezaposlenih da se na nju navikneš. Navikneš se da je to sada došlo takvo vrijeme i da se tu zapravo ne može mnogo učiniti.

Iako je cijela situacija s Viktorom i Vesnom bila dosta glupa, bila je zahvalna na svemu što Vesna donosi, iako se osjećala užasno jadno što o tome mora ovisiti. Monika joj je isto nudila pomoć koliko je mogla, ali Monika je produljila studiranje i još je radila studentske poslove. Pokušavala je zadržati optimizam, ali sve joj je teže postajalo vjerovati da će sve biti u redu.

– Janaaaa! Pozvali su me na razgovor! – Jana se samo kesila dok je Nora skakala oko nje.

Počele su s uobičajenom rutinom. Nora je sve što ima u ormaru pobacala po stanu i tražila idealnu odjevnu kombinaciju za razgovor. U isto je vrijeme zvala Moniku kako bi vidjela može li pričuvati Janu koja se sad već igrala s maminom odjećom. Za svaki je razgovor bila uzbuđena i nervozna, imala je tremu i trudila se to ne pokazati, što ju je činilo još nervoznijom. Ali koliko god je to činilo nervoznom, barem se nešto događalo. Razgovor je prošao dobro ili kako je to Nora kasnije objasnila Moniki, *sigurna sam da sam ispala glupa u barem 4 situacije, ali sve u svemu imam dobar osjećaj.* I onda je došao onaj teži dio – čekanje. Nije znala što joj je gore, čekanje da joj se netko javi na prijavu ili čekanje odgovora na intervju. Ma zapravo je generalno mrzila to glupo čekanje.

Da joj bude malo lakše podnijeti to čekanje, Jana je odlučila da neće imati zabavan dan. Bila je loše volje, stalno je plakala, nije se željela igrati, bila je umorna, a nije htjela spavati. Znala je imati te dane kad nije bilo šanse da se smiri i Nora je u nekim trenucima točno mislila da je njezino dijete samo odlučilo imati takav dan. Nije vjerovala u demone i egzorcizam pa joj je jedino to objašnjenje ostalo.

– Nećeš spavati?

– Necu!

– E, pa šteta, ipak moraš.

Gledale su se onim pogledom koja će dulje izdržati.

– Jana, možeš se duriti ako želiš, ali durit ćeš se u ležećem položaju. Hajmo u krevet.

– Necu – rekla je tiše i legla u krevet.

– Dobro pa još baš ne kužiš to durenje, a možda ti nije ni najjasniji cijeli taj "necu" koncept.

Uspavljivanje je trajalo sat i pol, a kada je napokon zaspala, Nora je sjela za računalo. Dobila je odgovor na razgovor. Opet odbijenica. Samo je počela tiho plakati. Imala je osjećaj da može točno odrediti koliko sve te njezine emocije imaju kilograma i više ih nije mogla nositi. Natočila si je čašu vina i sjela na balkon. Nije više imala snage. Trudila se svoju glavu prevariti pozitivnim mislima, ali polako je to sve gubilo smisao. Bila je tužna i uplašena. Imala je osjećaj da je potpuno sama. Nije znala kamo se okrenuti.

Zvono na vratima prenulo ju je iz misli, a Janu iz sna. Odlično, pomislila je, spavala je pola sata, što znači da će se njezino super raspoloženje samo nastaviti.

– Dobar dan.

– Dobar dan, Vesna – *baš si mi ti danas trebala* – izvolite.

S vrata je odmah sjela kod Jane, koja je sad već sjedila u dnevnom boravku i još pospano držala svoju lutku. Nora je samo produžila u kuhinju i počela pripremati namirnice za ručak. Ponudila je kao i obično Vesnu kavom ili sokom, na što je ova kao i obično rekla ne. Nora je razmišljala da se mora malo više koncentrirati na Vesnine odgovore jer je možda jednom iznenadi s "da" na koji ona uopće neće reagirati.

– Družite se ti i tvoja mama po cijele dane, ha, zlato bakino? Dobro je dok može tako – rekla je tonom koji se koristi kada tepate djetetu, što cijelu rečenicu čini još gorom s obzirom na to da je poruka bila za Noru i nije bila nimalo umiljata.

Molim te, Bože, neka joj je ovo zadnji komentar jer ću je gađati kuhačom. I bojim se da mi uopće neće biti žao ako je pogodim.

– Kako ide traženje posla?

– Ne baš najbolje, evo, nisam još imala sreće – rekla je Nora bez imalo volje jer od svih dana kada ne bi govorila o tome, danas baš posebno ne bi.

– Nevjerojatno.

Smiri se, Nora.

– Viktor i dalje šalje novac za Janin vrtić, ja sam time kupila stvari za Janu.

– Super.

– Pa tebi je super, da.

– Je, Vesna, super mi je.

– Sama si odgovorna za svoje postupke. Mislim da je možda dosta sažalijevanja Nore. Budimo realni, bila si nemoguća. Ne kažem ja da je jednostavno pronaći posao, ali mislim da nije nemoguće.

Nora je samo plakala bez glasa. Stajala je u kuhinji i čekala da Vesna ode. Nije imala snage raspravljati s njom. Osjećala se jadno i bezvrijedno kao zadnje smeće na svijetu. Osjećala se nesposobno, samo i napadnuto. Svaki je trenutak samo čekala da Vesna kaže da je bolje da Jana bude s njima ili s Viktorom. Bojala se da će to postati istina ako ona ne bude u stanju brinuti se o njoj. Vesna nije dugo ostala jer je Jana ponovo postala nervozna i nije bila raspoložena za igru, a Nora je zamolila Moniku da je dođe ujutro pričuvati ako može.

Drugo jutro je bila spremna čim je Monika došla. Popile su kavu na brzinu i ona je otišla u kafić u kojem je radila kao studentica moliti za posao. Znala je da će šef biti ujutro ondje i nadala se da će joj moći pomoći. Nadala se da će joj činjenica da je bio zadovoljan njezinim radom biti dovoljna da je primi. Ušla je u kafić čiji je svaki dio dobro znala. Atmosfera je bila prigušena i mirna s obzirom na to da je bilo jutro. Samo je nekoliko učestalih gostiju sjedilo za svojim stolovima i ispijalo ritualnu jutarnju kavu. Ništa se nije promijenilo otkako je zadnji put bila ovdje. Zidove su i dalje ukrašavali posteri iz poznatih starih filmova koje su svi znali i koje je Nora uvijek voljela promatrati, jer su onako velikih dimenzija i stavljeni u okvire izgledali vrijedno.

Šef Mirko stajao je za dugačkim šankom koji je bio okrenut prema ulazu u kafić, dok je devet malih okruglih stolova i dalje bilo u stražnjem dijelu kafića. Mirko je bio muškarac u 40-ima koji je odlučio otvoriti kafić jer mu se ukazala prilika da prostor dobije za povoljan najam. Sada je, s obzirom na to koliko se situacija promijenila, morao sam odrađivati smjene kako bi uspio ostati na nuli na kraju mjeseca. On je bio dobar čovjek i da je mogao, sigurno bi joj pomogao, ali kako joj je objasnio, trenutno nije uopće u poziciji nekome isplaćivati plaću. Volio bi i zbog sebe i zbog nje da je situacija drugačija, ali trenutno joj je mogao samo obećati da će joj odmah javiti ako čuje za neku priliku.

Nora je zahvalila i još jednom bačena na tlo, potpuno slomljena duha krenula doma.

18

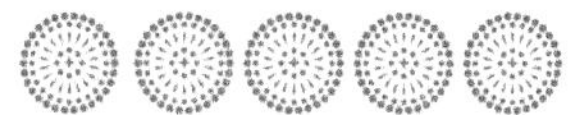

Još su jedan dan počele s jutarnjom kavom na balkonu, dok se Jana igrala oko njih. Sada je već stabilno hodala, što je značilo da može dosegnuti više stvari i Nora više nije mogla skinuti pogled s nje. Shvatila je da je vrijeme da potpuno pospremi taj mali balkon jer je stalno morala Jani micati gluposti iz ruke za koje nije ni znala gdje ih je i kako pronašla. Monika joj je upravo pokušavala popraviti rep na vrhu glave, ali njezina mala, lagana, plava kosa samo je odskakutala do tegle s cvijetom koji je davno odradio svoje na ovome svijetu.

– Moram se prijaviti na zavod, kako to izgleda? – pitala je dok je primala jednu od šalica s kavom koje je Nora nosila iz kuhinje.

– Glupo izgleda, ali, eto, moraš se prijaviti. Odeš tamo s papirima i dobiješ svog savjetnika, meni je to neka ženska Darija. Čini mi se *ok*, ali, tipa, ne bih baš rekla da obožava posao kojim se bavi. Uglavnom, imaš pravo s njom na sastanak na kojem razgovarate o tebi. Ona zapiše sve o tvom školovanju, radnom iskustvu i željama za posao. Mene je pitala bih li pristala raditi poslove koji nisu u mojoj struci i za koje je uvjet srednja stručna sprema i ja sam rekla ne. Pogledala me točno onako kako me Vesna zna pogledati, kao u smislu, vidi ti nju, ona bi birala. Samo me zapravo zanimala njezina reakcija, pa sam se ispravila i rekla da bih radila bilo što, ali bih voljela kada bi se oni posvetili više tome da mi nađu posao u struci. Onda je rekla *ok* i malo mi objašnjavala pravilnik – govorila je Nora i tražila pogledom Janu koja joj je sad već bila sumnjivo tiha. Našla ju je opet kod cvijeta kako vadi zemlju iz tegle.

– Pravilnik za što? Za to kako doći na zavod za zapošljavanje? – nasmijala se Monika.

– Tako je, to ti se zove pravilnik o aktivnom traženju posla i raspoloživosti za rad. Ne sprdam se, to zbilja postoji.

– Hvala Bogu, zamisli da nemamo to definirano. Gdje bismo stigli?

– Da, da. Tamo ti je definirano sve živo što moraš raditi kako bi imao pravo biti nezaposlena osoba. Nije ti to samo tako. Mene je to isto dosta nasmijalo kada sam bila tamo pa sam ga doma poslije istražila.

– Jasno. To si učinila ti i vjerojatno nitko drugi.

– Vjerojatno da, ali u svakom slučaju imaju tamo te neke programe, čak 9 njih. Na primjer, imaš taj prvi sastanak, pa individualne konzultacije, pa grupne konzultacije, pa neke radionice i pazi ovaj – *definiranje i provedba aktivnosti i ciljeva Sporazuma o uključivanju na tržište rada.* Jer mislim kako pronaći posao ako ne kužiš taj sporazum, kako?

– A ma daj, lažeš. Ti, znači nisi išla ni na što od toga, s obzirom na to da još nemaš posao?

– A ne, ne, ja sam svoje obavljala kako mi je rečeno jer te inače maknu sa zavoda.

– Dobro, znači imaju ideju kako bi to trebalo izgledati u teoriji. Trebala bih po tome svako malo biti kod njih i to po nekoliko sati da mi svi skupa meni nađemo posao, a kako to zapravo izgleda?

– Zapravo samo trebaš poslati *mail* svakih mjesec dana. Napišeš što si sve poduzela u pogledu svoje nezaposlenosti. Ono, tipa, poslovi na koje si se prijavila i tako to. Točno bih trebala otići tamo i pitati za termine tih silnih radionica, mislim da bi mi rekli da ne izmišljam gluposti – sjetila se Nora, na što su se samo obje nasmijale. Je li to bilo smiješno ili tužno sada je manje važno.

– Tako ti ja svakih mjesec dana njima pošaljem *mail* u kojem napišem na koje sam se poslove prijavila i da se još ništa u tom smislu nije dogodilo. Ženska ti meni svaki mjesec odgovori: *Poštovana Nora, zabilježila sam Vaše javljanje. Nastavite i dalje pratiti natječaje i javljati se poslodavcima, nadam se da ćete uskoro dobiti koji poziv za testiranje ili razgovor*. I to ti je to. Dubok odnos imamo.

– Moram se brzo prijaviti da imam i ja takvu potporu – smijala se Monika, jer drugi komentar nije imala na sustav koji uopće može funkcionirati na ovaj način.

– Da, da obavezno. Nisam još dobila niti jedan njihov prijedlog natječaja na koji bih se trebala prijaviti, ali znam da ima neki broj koliko puta možeš odbiti pa mi zapravo i odgovara da mi ne šalju nešto dok nije nešto dobro.

– Zašto?

– Čitala sam na forumu kako je neka cura dobila od njih prijedlog da se prijavi na neku poziciju u, ne znam, Rijeci, a živi u Zagrebu. I ne smije odbiti, a u Rijeci nema gdje živjeti. Zamisli da meni pošalju neki takav prijedlog da odem u Zagreb, na primjer. Nemam tamo nikoga, s plaćom koju dobiješ na stručnom ne mogu platiti sebi i Jani stan i život i vrtić, a ne mogu si pokriti ni putovanje svaki dan iz Osijeka u Zagreb, a to, s obzirom na to da je više od 1000 kuna, ne pokrivaju ni oni. I onda ako odbijem, skida me sa Zavoda i onda više ne zadovoljavam ni uvjete za stručno.

– Užas – prokomentirala je Monika na putu u kuhinju.

– Nora, čini mi se da si dobila poruku ili nešto, mobitel ti je vibrirao.

– Vjerojatno *mail* u kojem mi javljaju da se nisu odlučili za mene, ali baš mi onako od srca žele puno sreće – rekla je tonom kao da se šali, ali nije joj bilo smiješno. Otvorila je *mail* na mobitelu i već automatski samo očima prešla preko teksta. U trenutku kada je počela spuštati mobitel nešto joj se učinilo čudno. Potrčala je do računala i čekala da se uključi ekran. Osvježila je *mail* i otvorila zadnju poruku. Uspjela je! Izabrali su nju!

– Monikaaaa! Dobila sam posao! – rekla je tako glasno da su se Monika i Jana skamenile od straha.

– Stvarno?!?! Napokon! – skočila je Monika i od sveg srca zagrlila svoju prijateljicu. Jana se zbunjeno vrtjela oko njih dok je Nora nije uzela u ruke i počela ljubiti. Monika im je pustila glazbu i samo su skakale, vrištale i smijale se. Nora je u jednom trenutku stala, gledala Moniku i Janu kako se glupiraju i samo se smješkala. Nije se mogla sjetiti kada se zadnji put osjećala ovako dobro. Nije uopće bila sigurna o kojoj se poziciji radi jer je poslala toliko molbi i bila na toliko razgovora da joj se sve pomiješalo, ali u ovom trenutku to nije bilo važno. Sada je znala da će sve biti uredu. Napokon će sve krenuti svojim tokom. Napokon. Ponovno su preokrenule njezin ormar u potrazi za savršenom kombinacijom koju će sutra obući na sastanak, i nakon samo dva sata vijećanja modnog suda, sve je bilo spremno. Tu je večer Nora zaspala uz svoju kćer s osmijehom na licu i osjećajem neizmjerne zahvalnosti.

Pred školu je došla pola sata ranije, da ne bi slučajno zakasnila. Monika je ponovno preokrenula svoj raspored kako bi uskočila i pričuvala Janu i Nora je odlučila da će joj pripremiti večeru od svega što obožava jesti. Šetala je oko zgrade jer nije željela da netko iznutra vidi kako stoji kao idiot pred zgradom pola sata, kao da ne zna na sat. *Da, Nora ovako izgledaš normalno kada hodaš u krug.*

Zgrada je bila visoka i pomalo zastrašujuća. Žutoj fasadi trebala je obnova jer je već na nekoliko mjesta bila oštećena i naknado popravljana. Na prednjoj su strani, između tri prozora, nijansama žute obojene imitacije stupova i Nora je pokušala zamisliti kako je ova zgrada izgledala moćno kada je bila potpuno nova. Oko prozora i između dva kata na zidovima su bili izrezbareni bijeli ornamenti, po čemu se isto dalo naslutiti da je zgrada stara. Nove zgrade danas nemaju ništa po sebi jer se sve smatra previše kičastim. Ova je zgrada imala velike, visoke prozore simetrično raspoređene kako bi unutra ulazilo što više prirodnog svjetla. Što ju je više promatrala, sve se više mogla zamisliti kako svaki dan ovamo dolazi na posao. Pogledala je na sat i odlučila da dolazak deset minuta prije dogovorenog termina može biti i dobar pokazatelj pa je njezino šetanje oko škole moglo završiti. Na porti su je uputili do ureda ravnatelja na drugome katu. Stajala je pred vratima, dvije-tri sekunde, duboko udahnula i pokucala.

Ured ravnatelja nije izgledao kako bi zamislila s obzirom na vanjski izgled zgrade. Razinu svjetlosti koja će ući u prostoriju određivala je trakasta zavjesa na prozoru, za koju Nora nije znala ima li uopće naziv, ali je znala da ih viđa samo u uredima i ordinacijama. Do prozora je stajao bijeli stol sa stvarima uredno složenima i nadohvat ruke. Uza zid su bile postavljene dvije stolice na kojima je vjerojatno mnogo djece slušalo prodike, a u kutu je bio prekrasan ljubičasti cvijet koji je ublažavao službenost cijele prostorije. Na zidu je, kao i u svim prostorijama državnih ustanova, stajao grb Republike Hrvatske, a za stolom je sjedio čovjek koji je izgledao kao da mu je još malo vremena ostalo do mirovine. Tek kada je ustao i pružio Nori ruku, vidjela je koliko je bio visok. Sijede kose i brkova, u košulji, leptir-mašni i hlačama na crtu, izgledao je strogo i snažno. Pokazao je Nori da sjedne i vratio se u svoju stolicu. Nije se puno smijao, ali je imao blag pogled. Izgledao je kao aristokratski djed iz starih američkih filmova, koji vrijeme poslije posla provodi uz kubansku cigaru, čašu viskija i knjigu.

– Kako ste?

– Odlično, hvala na pitanju – odgovorila je Nora uz smiješak.

– Drago mi je što ste se odlučili prihvatiti poziciju, radit ćete sa super djecom.

– Hvala vama što ste se odlučili za mene i baš sam jako uzbuđena što ću upoznati mališane.

– Iskreno, razlog zbog kojeg smo se odlučili za vas bila je tema vašeg diplomskog. Imate iskustva u radu s djecom koja imaju poremećaje u ponašanju?

– Nemam još iskustvo rada, ali to je tema koju sam puno proučavala i kojom bih se voljela baviti.

– Odlično, imamo nekoliko učenika koji imaju određenih problema s koncentracijom, ali nisu to teški slučajevi. Riječ je o djeci od prvog do četvrtog razreda pa bismo svakako voljeli što prije pronaći načine učenja koji njima najbolje odgovaraju.

– Drago mi je što ću dobiti priliku raditi s njima. Sigurna sam da će se utjecaj takvog rada vidjeti na njima.

– Tako je. Hvala, Nora, tajnica će vam se javiti sa svim informacijama koje trebate, ja žurim na sastanak i vidimo se u ponedjeljak.

Još je jednom zahvalila i izašla iz škole. Bila je sretna i nasmijana i jedva je čekala da sve ispriča Moniki i Jani. Na putu doma stala je u trgovini i kupila sladoled kako bi njih tri mogle zajedno proslaviti. Ostatak dana odlučila je iskoristiti kako bi Jani pronašla vrtić i shvatila je da mora razgovarati s Vesnom o plaćanju vrtića. Ta pomisao odmah joj je maknula osmijeh s lica, ali bila je uvjerena da se sve ovo događa s nekim razlogom. Sada je već bila jedan korak bliže životu koji želi sebi i svojoj kćeri. U stanu su je uzbuđeno čekale Monika i Jana i ona je u tom trenutku shvatila koliko je zapravo važno osjećaj sreće i ponosa podijeliti s drugim osobama. U tom trenutku sve dobiva neku važnost i snagu koja ti treba da samo nastaviš tim putem. Kada je Jana navečer zaspala, sjela je za računalo i počela istraživati sve što bi joj moglo biti korisno na novom poslu. Nema šanse da propusti priliku koja joj se ukazala.

19

Nora se penjala stepenicama na četvrti kat škole. Srce joj je lupalo sto na sat i kroz poluosmijeh je hvatala korak sa starijom, niskom ženicom, čija se stara siva suknja od tvida ljuljala ujednačeno sa svakim njezinim korakom. Kosa joj je bila lisičje narančaste boje s manjim loknama koje su ostale od minivala. Nije to bila neka draga ni pristupačna žena, ne bi Nora čak rekla ni da je bila simpatična, ali njoj je danas bila najdraža na svijetu. Vodila ju je u razred da upozna djecu. Vodila ju je na njezino prvo radno mjesto, i to je bilo dovoljno da joj srce bude puno kao kuća, što od sreće, što od ponosa. Svakom stepenicom koju je prešla bila je bliže ostvarenju svoga sna i svega onoga u što je godinama ulagala trud i energiju. Za tu prigodu Nora je obukla dugu ljubičastu, vrećastu haljinu, svoju omiljenu, crne gležnjače koje je uparila s crnim šalom punim šljokica. Osjećala se lijepo i važno. U trenu su joj pred očima proletjele slike popodneva i večeri dok je u knjižnici kopala po materijalima učeći za ispite. Dani i tjedni kada nije odlazila doma, nego je sjedila u stanu i pisala referate i seminare. Noći koje nije prespavala od brige i treme prije ispita. Napokon dolazi na naplatu svaki taj trenutak, napokon ulazi u svijet zaposlenih. Napokon će biti sama svoj gazda, a ovo je prvi korak.

Stale su pred vrata učionice na kojoj je velikim slovima izrezanim iz kolaža stajalo 3D. Nora se nasmijala od uha do uha. Ušla je u učionicu za pedagoginjom i samo pogledom prelazila po razredu. Nije mogla vjerovati da je napokon ovdje i da će za nekoliko trenutaka ostati sama sa svom tom znatiželjnom dječicom. Na djelić sekunde uhvatila ju je panika i srce joj je lupalo visoko u grlu, prijeteći da će izletjeti van ako otvori usta. Pedagoginja je otvarala usta i mahala prstom i Nora je znala da pri tome nešto i govori, ali od uzbuđenja nije čula ni glasa. Sve što joj je bilo u glavi bili su njezini otkucaji srca i vlastite misli koje su više zvučale kao vriskovi oduševljenja. Tada je vidjela da pedagoginja gleda u nju upitnim pogledom, skupa s dvadeset i četiri znatiželjna para očiju. Duboko je udahnula i pogledom zaokružila kolektiv kojem će ona biti šefica idućih nekoliko mjeseci.

– Dobar dan. Ja sam Nora i bit ću vaša učiteljica ove godine. Nadam se da ćemo puno toga naučiti, odlično se zabaviti i uživati u svemu što nas očekuje – bila je uvjerena da je narasla nekoliko centimetara od samoga ponosa.

Djeca su je brzo prihvatila. To je kod njih najviše voljela. Bili su tako iskreni i puni prihvaćanja jer ih svijet i život još nisu pokvarili. Prvi radni dan, prvi dan školske godine, Nora je odlučila pridobiti njihovu ljubav. Sve one silne pripreme na fakultetu, oni sati provedeni u školama na satovima kod drugih profesora, kao i sati koje je sama držala za vježbu, ništa od toga nije bilo kao sada kad je bila sama s njima, sada kad je sama vodila sat i kada je sve ovisilo samo o njoj. Bila je istinski sretna jer se osjećala sigurnom u sebe i jer je znala da je na pravome mjestu, baš tamo gdje treba biti. Nora je s oduševljenjem počela raditi pripreme kako bi što bolje približila gradivo tim malim pametnim glavama.

Dani su joj odjednom postali ispunjeni, da je jedva i spavala. Bilo joj je naporno, ali je bila zadovoljna. Dani kada nije znala što bi sa sobom bili su iza nje. Kao i oni kada se brinula hoće li ikada naći posao, sve se to odjednom činilo dalekim i nevažnim. Radila je sto na sat. Ujutro se dizala ranije da Janu spremi za vrtić i skuha neki ručak koji će ih dočekati kada se vrate doma. Zatim bi na putu do posla Janu ostavila u vrtiću, izljubila je i izgrlila. Svaki bi dan i taj rastanak bio sve lakši i lakši pa je to Noru dodatno veselilo i motiviralo da ide dalje. Došla bi u školu prva i printala sve ono što je večer prije pripremila za svoje učenike. Tada bi si skuhala šalicu kave i u praznoj zbornici sjedila i sređivala misli dok bi čekala da stari i škripavi printer isprinta sva dvadeset i četiri lista, u nekoliko primjeraka.

Stan joj je bio ispunjen knjigama iz kojih je crpila ideje za rad s učenicima. Smišljala je radne listove, igre i poučne priče pomoću kojih bi svi bez problema svladavali zadano gradivo. Bio je to iscrpljujući posao, ali sve se isplatilo kada bi vidjela koliko su to djeca s oduševljenjem prihvatila i koliko ih to motivira u učenju. Nije joj bilo teško biti budna do kasno u noć, nakon što spremi Janu u krevet, kako bi sve stigla pripremiti. Nije joj teško bilo ni kupovati i nositi gomilu papira da može printati sve radne zadatke koje želi dijeliti učenicima. Sretna je bila što škola barem ima računalo i printer kad već nema papira. Nije joj bilo teško što svaki tjedan kupuje kolaž i ljepilo kako bi s djecom imala što raditi na satovima likovnog. Nije joj bilo teško što vuče svoj teški *sintesajzer* iz studentskih dana kako bi imali što raditi na glazbenom. Ne, ništa od toga joj nije teško jer voli svoj posao i zna da se za tu djecu isplati truditi. Naposljetku, sve će joj se to isplatiti. Djeca je obožavaju, roditelji su zadovoljni, kolege i ravnatelj za nju imaju samo riječi hvale. Sigurno će dobiti mjesto za stalno, svi su zapazili njezin trud i rad. Ovo je bio dio na koji je mogla utjecati i ona će ga odraditi što je moguće bolje.

Zadovoljno je otpila zadnji gutljaj kave. Radi tu već gotovo dva mjeseca i uskoro istječe njezin probni rok. Uskoro će potpisati ugovor i sve će sjesti na svoje mjesto. Zvono je oglasilo početak nastave i Nora je brzo pokupila sve papire, svoj *laptop* i projektor, te tako natovarena požurila na četvrti kat.

*

– Hoćete reći da će ovo radno mjesto biti na stručnom osposobljavanju? – Nora je upitno gledala ravnatelja. Malo ju je stegnulo oko srca. Ona se nadala radnome mjestu koje je normalno plaćeno.

– Da, da. Poslali smo zahtjev i odobreno nam je. Raspisat ćemo natječaj i vi ćete se prijaviti i sigurno ćete biti primljeni. Smatrajte to riješenim. Ništa se neće promijeniti – ravnatelj ju je gledao ispod svojih debelih stakala. Nora je tupo zurila u njegove brkove. Čini li joj se ili mu je lijeva strana brka duža od desne?

– Ništa se neće promijeniti osim plaće. Plaća na stručnom je 2400 kuna.

 Nora je u glavi počela računati kako će se ona i Jana pokriti s takvom plaćom.

– Da, da – brzo je dodao ravnatelj i zagledao se negdje iznad njezine glave, djelovao je kao da je u neprilici.

– Znam da je to razlika u odnosu na ovu plaću što ste imali ovaj mjesec, ali znate, tako je školi isplativije, država to isplaćuje i mi jednostavno moramo prihvatiti što je za državu bolje.

 Nora je kimnula i dalje ne znajući što da kaže. Rukom je čupkala niti sa svog žutog šala.

– Ma brzo će to proći, svaki je početak težak, kolegice, važna je prilika da radite i stječete iskustvo – tobože ju je tješio i Nora je opet kimnula, našla se kako kima i dalje hodajući hodnikom od njegova ureda. Ovo joj je bio šok, morat će u taj budžet ugurati svoje i Janine potrebe, režije, njezin vrtić... Bit će teško, ali bilo je i gore. Odlučila je da se neće sada brinuti oko toga jer ionako ništa ne može promijeniti. U jednoj stvari je imao pravo, važno je da radi i stječe iskustvo.

Nora je stajala kod ploče i u tišini gledala po razredu. Pisali su test i sve su male ruke bile zauzete brzim škrabanjem po papiru. Hodala je po razredu i s neskrivenim ponosom gledala kako popunjavaju redom gotovo sve prazne kućice. Oduševljeno je primijetila kako Ivan, koji dosad nije baš pokazivao interes za matematiku, zbraja bez imalo muke. Kako Renata, koja je iznimno nadarena za crtanje, ne ostavlja nijedan prazan red na ovom testu iz matematike. Kako Jasmina, koja matematiku ima u malom prstu, rješava dodatne zadatke prije isteka roka. Gledala ih je i doživljavala svako to dijete kao svoje. Osjećala je ponos. Bila je zadovoljna svojim radom. Uspjela je zainteresirati svakoga i za one dijelove gradiva ili predmete u kojima su bili najlošiji. Time je samo potkrijepila svoju teoriju da svako dijete može i hoće, samo ga trebaš potaknuti na pravi način. Sat je završio bučnim zvonom i kucanjem pedagoginje na vrata. Ravnatelj ju je tražio. Nora je skakutala do njegova ureda nimalo opterećena onime što slijedi. Završio je natječaj za stručno usavršavanje, znala je da će ga dobiti ona. Naposljetku, tako su joj svi i rekli, sada su je valjda zvali da joj to kažu i da potpiše novi ugovor. Pokucala je žurno na njegova vrata, da završe to za vrijeme odmora, jer sljedeći je sat imala prirodu i priredila je male žabe i punoglavce koje je jučer tražila cijelo popodne po šumi kod bazena s Janom.

– Uđite, uđite. Sjednite.

Nora je podigla obrve jer je ravnatelj imao neki drugačiji pristup. Što ga je toliko usplahirilo? Neko je vrijeme sjedila u tišini, a on je premetao po papirima. Kada se već nestrpljivo počela meškoljiti na starom ofucanom stolcu, digao je pogled kao da je prvi put vidi.

– Da, da, pa, draga kolegice, nažalost vam moram reći da će drugi kolega biti primljen na stručno usavršavanje, na ovo vaše radno mjesto.

Nora je razjapila usta i samo buljila u njega. Što to govori? On ju je pak nastavio gledati sažaljivim pogledom. Tada kao da je uključio nitro u sažaljenju. Digao se sa stolice, prišao joj i potapšao je po ramenu.

– Da, da, to znači da vi, kolegice više niste zaposlenik naše škole. Takvo je pravilo, mladić je bio bolji kandidat, mora se to poštovati. Da, da.

Nora je i dalje samo gledala u njega nesposobna išta reći. Što to govori? Ona je opet nezaposlena? Kako? Zašto?

– Bolji kandidat? – naposljetku je uspjela procijediti barem nešto da ne izgleda kao da je prolupala od šoka.

– Da, da...

Nora ga je prvi put poželjela odalamiti po toj nosini, da već jednom prestane govoriti taj glupi "da, da" tim glupim tonom, kao da je ona mala djevojčica koja ništa ne razumije.

– Znate, kolegice, njegova majka radi u našoj školi već dvadeset i šest godina i odlična je zaposlenica. Vođeni time, sigurni smo da će i on biti takav. Osim toga, on je aktivan član naše zajednice i sudjeluje na svim događanjima, kako društvenim, tako i političkim.

Nora je brzinom munje zatvorila još uvijek razjapljena usta od nevjerice. Tako znači. Pobijedio ju je član stranke. Nesposobna išta reći, samo je odmahnula glavom, gestom koja je pokazivala da ne može vjerovati i osjetila je suzu u oku koju je svim silama željela spriječiti. Sav njezin trud i rad su bili za ništa? Sva njezina strast i želja na kraju su kažnjeni? Nisu bitni rezultati? Nije bitno zadovoljstvo djece i roditelja? Nije bitna kompetentnost ni znanje? Nije moguće da u današnje vrijeme opet vrijedi ona tvrdnja koju su izgovarali njezini roditelji: oni koji su bili u partiji bolje su prolazili. Odbila je povjerovati u to. U današnje vrijeme nije moguće da joj se takvo što događa. I da joj to ravnatelj govori bez imalo srama ili grižnje savjesti. To ne može biti normalno.

– Ne brinem se ja, kolegice, za vas. Tako dobar i stručan radnik sigurno će brzo naći novi posao, ali, nažalost, ne kod nas u ovom trenutku. Da, da... – obzirno ju je pogurnuo prema vratima. Razgovor je bio završen. Vrata iza nje zalupljena. Opet je bila nezaposlena, a ovo je bio samo šlag na torti apsurdnosti koje je dosad čula.

Odvukla se doma kao da ju je netko istukao. Pokunjena je pokupila svoje stvari i gotovo s osjećajem srama pobjegla da se ne mora pozdraviti s kolegama. Odbijala je prihvatiti da trud i rad ne znače ništa. Odbijala je prihvatiti da je nakon takvog ushićenja, sreće i oduševljenja prvim poslom tako grubo prizemljena. Budući da je otišla odmah nakon tog nesretnog razgovora, imala je nekoliko sati do odlaska po Janu u vrtić. Iskoristila ih je tako da je razbijala glavu kako će sada kad nema ni tih 2400 kn. Viktor će plaćati vrtić, znala je to jer je Vesna redovno uplaćivala novac, ali Nora je namjeravala i taj dio preuzeti na sebe. Sada nema priliku to učiniti, morat će i dalje ovisiti o njihovoj "milostinji". Vesna nikada nije pitala treba li im za jelo ili odjeću, a Nora je bila previše ponosna da bi tražila, dok god su se krpale s ono malo ušteđevine koju je imala. Izgleda da će i dalje nastaviti tako, prebacivati iz šupljeg u prazno i živjeti od akcija po trgovačkim centrima. Zatim ju je obuzeo onaj isti očaj koji je već zaboravila da ju je opsjedao.

Nema posao i mora ga tražiti. Opet će ludovati po internetu tražeći natječaje, kojih sada gotovo da neće ni biti jer je studeni, a svi su natječaji bili u rujnu, početkom školske godine. Opet će pohoditi zavod za zapošljavanje da bi slušala njihove beskorisne savjete i prijedloge. Opet će prolaziti grupne i zasebne razgovore sa svojom savjetnicom. Opet će se sto puta ponadati i sto puta razočarati. Bila je tužna i nije to htjela opet prolaziti. Opet će strepiti od kraja mjeseca i otvaranja pošte u kojoj je opomena o neplaćanju računa. Opet će strahovati kako će ih prehraniti. Opet će prolaziti sve što je teško za bilo koga i opet će sve to prolaziti sama.

U tom je trenutku osjetila takav bijes prema Viktoru da si nije mogla pomoći. Nije to zaslužila, ni ona ni njezina kći. Svi bi ti problemi bili manji i lakši da ih je dvoje i da se zajedno bore. Nikada mu neće oprostiti što ih je ostavio tako same. Od tuge je brzo prešla na bijes, što je bilo dobro. U njezinu je slučaju to bio okidač za borbu. Ne može si priuštiti da odustane. Neće se predati, zbog Jane. Njezina kći će odrastati kao i ona – u sreći i neće joj ništa nedostajati. Znala je da im jednom mora krenuti.

Nije baš očekivala da će se to dogoditi tako brzo. Već tjedan dana poslije, nazvala ju je mama jednog učenika kojemu je predavala i zamolila je da mu držati privatne sate kako ne bi zaostajao za gradivom.

– Robert je bio oduševljen vama! Učio bi s užitkom tako da učiteljica Nora bude zadovoljna i pohvali ga. Vjerujte mi, nikad nije pokazivao takvu želju za učenjem. I ja i otac mu bili smo ugodno iznenađeni. Kada smo čuli da ste otišli, bili smo baš šokirani, svi su roditelji bili jako zadovoljni – rekla joj je na telefon Zdenka i tako joj ipak podigla samopouzdanje.

– Hvala vam. To mi je drago čuti i puno mi znači.

– To je istina, draga moja. Možemo li se dogovoriti nekoliko puta tjedno da popodne nađete vremena da učite i radite s njim. Cijena nije bitna.

Nora je trenutak razmišljala. Zašto ne? Potražit će na internetu može li otvoriti nekakav obrt i prijaviti svoju djelatnost. Ako već ne može naći posao, sama će si ga stvoriti.

– Može, čut ćemo se sljedeći tjedan da dogovorimo detalje – sretno je zacvrkutala u mobitel. To je popodne s Janom obula gumene čizmice i skakala na svaku lokvu na koju su naišle. Jana je vrištala od sreće, čime je razdragala Noru. Ne može se ništa završiti loše dok god imaju jedna drugu.

Ponoć je prošla prije dva sata, a Nora je i dalje surfala tražeći neki zakon koji bi joj išao na ruku ili olakšao ono što je pokušavala. Treća šalica kave već joj je bila na kraju. Ova država jednostavno onemogućuje mladim ljudima da se probiju. Toliko davanja državi, tisuću pravila i u svemu tome još jedna tužna stvar bila je ta da je pola toga morala tri puta pročitati da bi shvatila. Osjećala se najglupljom na svijetu. Bacila je četvrti papir na kojem je iskrižala identični izračun. Kako god okrene, ne može otvoriti obrt i živjeti od, zasad, jednih instrukcija. Pokušavala je izračunati koliko bi instrukcija morala imati, a taj joj se broj činio iznimno velik. Plus toga nije bila sigurna postoji li toliko djece u nižim razredima osnovne škole za koje bi roditelji bili spremni plaćati instrukcije. Da, dobar je to honorar sa strane, ali kao osnova za život, baš i ne. Osvježila je stranice zavoda, kao da će se u dva ujutro pojaviti novi natječaji. Preletjela je pogledom po čak šest natječaja za stručno usavršavanje, ali na svaki se već bila prijavila. Ništa drugo nije se nudilo. Sve škole su se uhvatile samo natječaja za stručno usavršavanje. Bila je to jadna prilika, a čak je i za nju trebala veza. Tužno je pogledom kružila po ekranu. Svjetlo s ekrana bilo je jedino svjetlo u potpunom mraku sobe, a Janino tiho i pravilno disanje djelovalo je tako uspavljujuće, da je Nori trebalo samo nekoliko trenutaka da zaspi nad uključenim računalom, glave zabijene u tipkovnicu. Sanjala je da je sve u redu. Sanjala je da je sretna.

20

– Hvala vam na dolasku, svakako ćemo vam se javiti čim završimo sa svim razgovorima.

– Hvala vama na prilici, ugodan dan vam želim – rekla je Nora s osmijehom na licu, za koji je znala da je potpuno namješten. Ali namjestila ga je, jer takav moraš biti na razgovoru za posao. Tko bi normalan zaposlio osobu koja pokazuje da joj nije do smijeha? Tko bi normalan zaposlio očajnu osobu?

Izašla je s još jednog razgovora za posao i osjećala se jadno. Cijeli joj je dan prošao u mehaničkom obavljanju poslova po kući. Osjećala se užasno, nije željela ni s kim razgovarati, nije željela ništa raditi, željela je samo spavati. Osjećala je kako zadržava plač i osjećala je strah da će je ponovo slomiti depresija. Znala je da si to ne smije dopustiti, ali nije znala može li se uopće protiv toga boriti. Oblačila je Jani pidžamu, što je ona odbijala jer je to značilo da uskoro ide na spavanje. Tek što joj je uspjela navući drugu nogavicu roze plišane pidžame, Jana je poput metka otrčala u kuhinju. Željela se igrati, ali Nora jednostavno nije imala snage. Osjećala je svaki otkucaj svoga srca i pritisak u plućima.

Osjećala je toplinu u glavi i nedostatak zraka. Poželjela je samo istrčati na neku hladnoću i izbaciti sve iz sebe. Željela je da je netko protrese, da može sve zaboraviti i samo krenuti ispočetka. Imala je osjećaj da ne može sama i da će učiniti nešto zbog čega će njezina kći patiti. Cijelu noć provela je budeći se iz nekog prokletog polusna, znojna i u panici. Imala je osjećaj da potpuno gubi razum i nije znala kako dalje. Zaspala je sat vremena prije nego što ju je Jana ujutro probudila.

Danas je bio jedan od tri dana u tjednu kada je odlazila k Robertu. Pomagala mu je s učenjem i pisanjem zadaća koje su mu predstavljale problem kada bi ih morao sam raditi. Njegova mama Zdenka pokupila bi ga iz škole i dočekala Noru s njim u stanu, nakon čega se vraćala na posao. Živjeli su u prekrasnom stanu na zapadnoj strani grada okruženi zelenilom i drvećem. Unutrašnjost je bila uređena u smeđim i bijelim kombinacijama i cijeli je stan izgledao kao iz časopisa. Imali su dnevnu sobu opremljenu najnovijim tehnološkim spravama od kojih Nora za pola nije znala kako se koriste ni čemu služe. Ispred izlaza na balkon stajao je veliki stol s osam stolica i uvijek moderno dekoriran. Ono što se Nori najviše svidjelo bila je kuhinja. U sredini je bio ogroman prazni prostor, a cijela je prostorija bila osvijetljena prirodnim svjetlom. Bilo je toliko prostora i aparata za kuhanje da bi baš dobio želju kuhati, čak i ako su hrenovke jedino što znaš pripremiti. Cijeli jedan zid u kuhinji bio je oslikan u plavo s prikazom grane na kojoj su kapljice vode. Nikakav poseban motiv, a ne možeš ne pogledati u to svaki put kada prođeš kroz kuhinju. Sve je u tom stanu stajalo na svome mjestu, a onda je ušla u Robertovu sobu.

Po podu je bilo more igračaka, ali se Robert među njima kretao kao da su sve baš tamo gdje trebaju biti. Kada je prvi put došla, promatrala ga je kako se ponaša dok se igra i kako se ponaša dok uči. Bio je super dijete, ali su mu učenje, pisanje zadaća i škola bili prezentirani potpuno pogrešno. Gledao je na to kao na kaznu, a zapravo je bio jako znatiželjno dijete koje je obožavalo učiti. Primijetila je da svaku svoju igračku okrene na 10 načina i da im svaki put uspije smisliti neku novu namjenu kako bi odgovarale igri koju je zamislio.

Tako mu je odlučila osmisliti i zadaće. Zajedno su smislili igru u kojoj je svaki zadatak predstavljao jednu razinu u igrici. Između svakog zadatka imao je posebne misije u kojima je morao razmišljati i to mu je pomoglo u koncentraciji za učenje. Uživala je raditi s njim. Znao je sjediti za radnim stolom u svojoj sobi potpuno koncentriran na papir ispred sebe i kada bi došao do dijela koji mu je bio problem, olovkom bi počeo vrtjeti svoje male smeđe kovrče poluduge moderne frizure. Imao je tamnosmeđe oči i prekrasne guste dugačke trepavice. Oči mu nisu mogle sakriti kada ga je nešto zanimalo, a imao je neki zagonetni smiješak po kojem si mogao prepoznati kada zna da radi nešto dobro. Bio je veselo dijete koje je u školi ocijenjeno kao dijete koje ima višak energije i koje se ne može dovoljno dugo koncentrirati.

– Bok! – viknula je Zdenka veselo kada je ušla u stan s četiri vrećice u svakoj ruci. Robert je završio sve svoje zadatke i pokazivao Nori novu igračku, ali čim je čuo mamu, otišao ju je pozdraviti. Zdenka je na prvu ostavljala dojam strogo poslovne osobe, ali bi ta početna hladnoća nestala kada bi se od srca nasmijala. Imala je iste oči kao Robert i lijepe crte lica. Pazila je na svoj izgled i izgledala je prekrasno. Njegovana, ravna, smeđa kosa do ramena i moderne odjevne kombinacije sive, crne i smeđe boje odlično su joj pristajale.

– Bok, mama! – rekao je Robert trčeći, dok je Nora uzimala svoje stvari.

– Bok, srce, kako je bilo?

– Super, prešao sam zadnji nivo najbrže do sada.

– *Ok*? – rekla je upitno i pogledala u Noru.

– Super je bio, sve smo završili i ponovili.

– Bravo, mali.

– Zdenka, mogu li vas zamoliti za uslugu?

– Daj, molim te, s tim vi. Reci.

– Imam u srijedu razgovor za posao pa bih trebala doći sat vremena poslije ako je to ikako moguće?

– Naravno, nema problema. Sretno, nadam se da će netko više shvatiti što si ti sposobna postići s djecom. To ne znači da te mi gubimo?

– Hvala ti na tome. Puno mi to znači. I svakako bih zadržala ovo naše učenje jer se radi o poziciji na stručnom.

Poruku o rješenju tog razgovora dobila je te srijede, točno kada je odlazila iz njihova stana. Odabrali su nju. Napokon! Dobila je posao na godinu dana. Godinu dana će imati barem neki dodatni iznos uz instrukcije na koji će moći računati. U sekundi je osjetila onaj entuzijazam i nalet sreće koji tako dugo nije. Ovo će biti njezina prilika. Koliko god bila slaba, ona će je iskoristiti. Na ovom će poslu učiniti sve da postane nezamjenjiva. Ima godinu dana da im dokaže da bi bili ludi da je puste da ode. Da, tako će se postaviti! Samo treba godinu dana izdržati s novcem i onda će sve polako doći na svoje.

Od informacije da su nju izabrali kao voditeljicu produženog boravka na program stručnog osposobljavanja prošla su tri puna mjeseca, a ona je još čekala odobrenje kako bi mogla početi s radom. Tri mjeseca! Nije više mogla. Svakim je danom sve više gubila strpljenje i samo je čekala da pukne. Janu još nije morala pokupiti u vrtiću pa je poslije instrukcija kod Roberta odlučila otići na zavod za zapošljavanje. Odlučila im je ona ponuditi da natipka taj jedan prokleti papir koji joj treba da počne raditi. *Mislim, da ga u kamenu klešu već je trebalo biti gotovo!*

Stigla je pred zgradu pred kojom je bila već sto puta. Imala je čudnu naviku da pamti totalno nepotrebne gluposti kada je ljuta. Sada je, recimo, točno znala da ispred ulaza ima 7 stepenica i 5 crvenih stupova, zidovi na ulazu bili su tamnocrvene boje, a bijela vrata kao da su pozivala ulične umjetnike da po njima iscrtaju grafite. Zidovi unutar te prostorije, gdje se čuda događaju za nezaposlene osobe, bili su bijeli, a šalteri, vrata, stol i stolice plavi. Crvene stupove odlučili su staviti i unutra, valjda da sve izgleda veselije. Kod ulaza je bila oglasna ploča puna papira da bi točno pomislio da se nudi toliko posla, ali većinom se radilo samo o nekoliko oglasa kojima su dodani različiti zakoni, pravilnici i članci. Ušetala je unutra, vidjela slobodan šalter i odmah se zaputila do starije žene kratke smeđe kose, velikih naočala i lica koje je izgledalo kao da se dugo nije nasmijala. Kada je vidjela Noru da stoji ispred nje, okrenula je očima i vratila pogleda na papir koji je ispunjavala brzinom – 10 na sat.

– Dobar dan – počela je Nora i naišla na potpunu tišinu. Gospođa je nastavila ispunjavati papir bez ikakvog znaka da je čula Noru.

– Dobar dan – ponovila je Nora.

– Samo sekundu, gospodična, ako niste primijetili, završavam nešto.

– Ne dajte se smetati, samo provjeravam jeste li me doživjeli – odvratila je Nora jednako ljubaznim tonom.

– Izvolite – rekla je ispuštajući zrak kod doslovno svakog slova u toj riječi, valjda kako bi Nora shvatila koliko je nezadovoljna činjenicom što je stala baš na njezin šalter. Sada će ona vidjeti koliko Noru za to potpuno boli briga.

– Imam pitanje u vezi s odobrenjem za stručno osposobljavanje. Koliko se maksimalno može čekati to odobrenje, odnosno u kojem zakonskom roku mora biti riješeno?

– 50 radnih dana – opet je završila s uzdahom. *Bože, koliko viška zraka ima ova žena.*

– Ja čekam već tri mjeseca.

– Mi ne možemo ništa učiniti dok ne dođe odobrenje iz Zagreba.

– Ne zanima me. Nešto morate učiniti. Za nešto primate plaću, zar ne? Jeste li vi podružnica zavoda? Jeste. Jeste li ovdje da budete veza između mene i zavoda? Jeste. Izvolite nešto učiniti i saznati u kojem roku mogu očekivati odobrenje.

– Mogu poslati *mail* – rekla je toliko nezainteresirano da je to bila uvreda. Bilo je očito da neće ništa poslati jer što njoj tko može. To nije njezin dio posla i zašto bi se ona uopće brinula o tome radi li netko drugi svoj posao.

– *Ok*, znam da nećete. Bravo, pobijedili ste. Jedan nula za vas, teta. Mogu li dobiti neku potvrdu da ste mi vi kao službena osoba zaposlena ovdje rekli da je maksimalan rok za čekanje odobrenja 50 radnih dana?

– Što će vam ta potvrda? Pa to piše u zakonu – postajala je sve više frustrirana ovim razgovorom.

– Aha, *ok*. Ako piše u zakonu, onda to tako mora biti. Kako to da je taj rok prošao i ja još čekam ako piše u jebenom zakonu? Mogu li ja išta učiniti po tom pitanju?

– Ne možete. Kad bude, bude. Ne znam što da vam više kažem – rekla je i vratila se ispunjavanju tog nekog vražjeg papira koji joj je Nora poželjela uzeti i rastrgati na tisuću komadića.

I to je bilo to. Kraj razgovora. Izašla je potpuno bijesna i izvan sebe. Kako je ovo moguće? Koliko možeš biti ljut na osobu koju uopće ne poznaješ, koliko ljut možeš biti na državu, na program, na sustav? Ma, zapravo možeš biti ljut koliko hoćeš, kada se to ionako neće promijeniti. Razmišljala je bi li joj bilo lakše da je barem ta žena na šalteru bila ljubazna. Nije da bi joj to popravilo situaciju ili da bi išta promijenilo činjenicu da se sve ovo događa i da tu nitko ne može ništa, ali bi barem imala osjećaj da je nekomu stalo.

*

Večer je ponovo provela na internetu. Nije znala točno što traži, ali ju je to odvelo na forum na kojem su ljudi pisali o iskustvima s programom stručnog osposobljavanja. Čitala je njihove priče, komentare, pitanja i savjete mladih ljudi koji su prolazili ista sranja kao i ona. Toliko ih je dovedeno do ruba, da su ostavili sve i otišli. Naslovi članaka u kojima su se samo za 2016. godinu spominjale brojke veće od 36 000 iseljenih, i to većinom mladih između 20 i 39 godina, boljele su je i rastuživale do granice da je počela plakati.

Nije mogla vjerovati što se sve događalo ljudima u ovoj zemlji. Jedan je dečko na forumu napisao komentar na ukidanje naknade za prijevoz ako ne putuješ javnim prijevozom. On živi u županiji u kojoj nije razvijena mreža javnog prijevoza, pa najraniji autobus ima u 14.30, a povratak u 22 sata. Radno vrijeme mu je od 8 do 16 sati, a autobusna stanica udaljena je sedam kilometara. Jedna je cura napisala kako je završila dva usmjerenja, odnosno ima dva zanimanja. Za svaku od njih mora položiti stručni ispit, što znači da mora proći program stručnog osposobljavanja. S obzirom na to da taj program možeš proći samo jednom, ona mora izabrati koje će se struke odreći. Komentara i iskustava bilo je toliko da ih nisi mogao prebrojati. Bilo je užasno.

A onda je pronašla snimku emisije na HRT-u u kojoj je gostovala cura koja je bila jedna od organizatorica najavljenog prosvjeda protiv mjere SOR-a i uz nju je gostovala zamjenica ravnatelja zavoda za zapošljavanje. Dvije strane priče i njihovi argumenti. Nije mogla vjerovati u stvari koje se izgovaraju na javnoj televiziji. Nije mogla vjerovati da ta žena sjedi tamo i brani program izjavama koje bi trebale zvučati pohvalno. Definitivno je zaključila da je više ništa ne može iznenaditi kada je čula izjavu da Vlada radi sve što može kako bi vratila dostojanstvo mladom čovjeku. Na pitanje koliko je osoba zasnovalo radni odnos nakon stručnog osposobljavanja nije imala odgovor. Na to je pitanje rekla kako je 5000 ljudi trenutno u programu stručnog osposobljavanja, a njih 3000 je u aktivnoj politici zapošljavanja. To nije ni blizu odgovora na postavljeno pitanje, ali, eto, ona je to izjavila. Na javnoj televiziji. I nakon te izjave će se vratiti na svoj posao. Vjerojatno će joj i čestitati i zahvaliti što je pristala ići na televiziju braniti taj program.

Odmaknula se od ekrana i isključila sve što je gledala na internetu. Zatvorila je sve članke, Facebook komentare, YouTube kanale s intervjuima političara, forum i sve ostalo gdje se spominjao program stručnog osposobljavanja bez zasnivanja radnog odnosa. Otvorila je samo jedan novi Word dokument i počela pisati pismo. Znala je da ga nikada neće nikamo poslati, i to ne zbog straha ili srama, nego zbog uvjerenja da to ništa ne bi promijenilo. Pisala ga je svakom političaru koji je ikada stao pred kamere i branio ovaj program.

Poštovani,

pismo počinjem na ovaj način iz čiste pristojnosti kojoj me naučila moja mama, jer zapravo za tebe nemam ni trunku poštovanja. Moje ime i godine nisu važne, nije važna ni životna situacija u kojoj se nalazim, nije važno gdje živim niti kako izgledam, nije važno zapravo ništa što bi tebi pomoglo da me zamisliš. Ako želiš, mogu biti mlada osoba koju ćeš odmah u startu ocijeniti kao lajavu balavicu koja ima još mnogo toga naučiti ili mogu biti starica koja samo voli pametovati. A znaš tko isto mogu biti? Tvoja kći. Ali ništa od toga nije važno jer sam ja u svakom slučaju dio one rulje do koje bi tebi trebalo biti stalo.

Kako te nije sram? Kako ti ne bude teško stati pred kamere i izgovarati takve stvari, a znaš da te ja gledam? Kako ti ne bude žao obraćati mi se na taj način? Kako možeš naglas braniti program koji mene dovodi na rub egzistencije?

Znam da znaš koliko sam radila na svom obrazovanju. Znam da znaš koliko sam se trudila. Znam da znaš koliko dobra mogu biti u tom poslu i koliko ga volim. Znam da znaš koliko sam motivirana i spremna stvarno napraviti neku promjenu. Znam da to sve znaš! Pa kako onda imaš snage reći da me netko smije zaposliti na plaću od 2620 kuna i to bez ikakvog priznanja za moj rad? Kako si im mogao omogućiti da mi to naprave?

Misliš li da bi mi mogao opaliti šamar ako stanem pred tebe? Šamar posred lica, koji me treba povrijediti fizički jer boli i koji me treba slomiti psihički jer je upućen sa željom da me ponizi. Misliš li da bi mi mogao to učiniti? Radiš mi to svaki put kada izgovoriš nešto takvo pred kamerama ili u sabornici ili s kolegama za ručkom ili za vrijeme donošenja odluke ili za vrijeme stvaranja programa i zakona. Kako me možeš tako poniziti? Kako možeš bilo koga tako poniziti? Što nije u redu s tobom?

Pogledaj malo svoj život. Znaš li u kojem periodu ti potrošiš 2620 kuna? Kako misliš da ja s time imam krov nad glavom, jedem, spavam i odgajam svoje dijete? Kako te ne bole moje suze? Kako ti može biti svejedno ako odem? Kako ne razumiješ da, ako odem kao i svi drugi, više neće biti nikoga tko će tebi omogućiti život na koji si sada navikao? Kako je uopće moguće da to ne vidiš? Živiš u najljepšoj zemlji na svijetu, s ljudima koji bi se u sekundi ujedinili kao jedan da tebi treba pomoći. Da, čak i tebi, čak i nakon svega što si upropastio. U trenu kada bi ti bilo najteže, našlo bi se toliko ljudi koji bi ti pomogli da bi ti se srce raspuklo od ljubavi i sreće. Ja sam svi ti ljudi.

Je li tebi uopće stalo do mene?

21

Nakon četiri mjeseca čekanja odobrenja, napokon je počela raditi kao stručni suradnik u produženom boravku u osnovnoj školi. Dobila je svoju malenu učionicu, očito improviziranu za potrebe ovog novog programa. U učionici su bila tri malena stola za kojim je moglo sjediti četvero djece, a zidovi su bili ukrašeni dječjim crtežima. Zid je bio žute boje, a na trima policama nalazili su se svi rekviziti koje je škola osigurala – pakiranje praznih papira, nekoliko slikovnica, bojanke, bojice, flomasteri, vodene boje i kistovi. Sve u svemu, ne baš puno, ali uz malo mašte, sve se to može pretvoriti u nešto super. Škola je radila u dvije smjene, tako da su joj jutarnju grupu učenika činili prvi i drugi razredi koji su imali nastavu popodne, a popodnevnu smjenu su činili učenici trećeg i četvrtog razreda koji su nastavu imali ujutro.

U te dvije male grupe, već je na početku vidjela velike male ljude. Bio je tamo jedan dječak koji je obožavao brojeve. Kada god bi naučio neku novu stvar na matematici, nije prestajao pričati o tome. Fasciniralo ga je kako zna odrediti broj bilo kojoj stvari koju vidi. Bila je jedna djevojčica koja je stalno uzimala bojanke i umjesto bojenja, izmišljala priče, na što joj je jedna koja je pak obožavala boje, pokušavala objasniti da se uopće ne zna igrati s bojankom. Jedva je čekala nekada u životu pročitati knjigu te djevojčice kojoj će naslovnicu urediti ova što voli bojiti. Bio je jedan dječak koji je na svakom komadiću papira koji je bio prazan crtao pauka. Bio je jedan dečko u drugom razredu koji je cijelo vrijeme glumio frajera. Ništa on nije želio raditi i sve mu je bilo glupo. Sve dok Nora nije uključila glazbu. Odmah je postao podvojen između želje da pleše i toga da stoji u kutu frajerski naslonjen na zid kako ga je stariji brat naučio.

Obožavala je svoj posao. Toliko je predano radila s tom djecom, da su njezinoj metodi rada počeli sve više vjerovati i nastavnici i roditelji i djeca. Bilo joj je stalo i samo malo te iskrene pozornosti koju im je posvećivala neopterećena školskim programom omogućilo joj je da im pomogne u učenju.

Nakon posla vraćala se kući svom prekrasnom djetetu koje joj je svaki dan raslo pred očima. Svakim je danom Jana sve više sličila Viktoru. Bilo joj je teško kada bi ga se sjetila. Pamtila je kako je znao biti dobar prema njoj, sjetila se koliko ju je nevjerojatno volio u jednom periodu njihovih života. Sjetila bi se onda i koliko je ona njega voljela. Sjetila bi se koliko ju je čuvao, koliko ju je branio, koliko je znao biti nježan, koliko ju je znao nasmijati i koliko je imao razumijevanja za nju. I onda bi se sjetila koliko je već prošlo otkako ga Jana nije vidjela. I onda bi postala bijesna. Svašta možeš očekivati od bilo koje osobe u svom životu, ali ovo nije očekivala. Čuli su se iz pristojnosti. On bi se javio i pitao za Janu, ona bi mu poslala fotografiju. Znala je da se redovito čuje s Vesnom i da sigurno zna sve što se s Janom i njom događa, ali nije znala što da misli o tome. Nije znala ni koliko će to još moći trpjeti. Nadala se da će doći k pameti i vratiti se doma. Ne zbog nje, to je bilo gotovo. Znala je da mu više nikada neće moći vjerovati, znala je da se nikada neće moći osloniti na njega i znala je da mu nikada neće zaboraviti bol koju je morala preživjeti zbog njega i bez njega. Znala je da je on sada daleko od osobe u koju se zaljubila, ali je isto tako znala i da ništa od toga nije bilo važno ni potrebno za to da bude dobar otac kakvog Jana zaslužuje. Zbog nje je istinski željela da se vrati i da njih dvoje imaju kvalitetan odnos.

Prošlo je šest mjeseci otkako je počela raditi i svakim se danom osjećala ugodnije i pouzdanije u načinu svog rada. Bila je prije svega ponosna na sebe. Motivirao bi je svaki uspjeh nekog njezina djeteta i motivirale bi je pohvale kolega i roditelja. Ono što je nimalo nije motiviralo bila je plaća. Smiješno i ponižavajuće u svakom pogledu, ali odlučila je uopće ne gledati na to na taj način. Imala je iznos koji je imala i dodatnu zaradu od instrukcija s Robertom. Viktor je slao novac za Janin vrtić, koji ona nikako ne bi mogla pokriti, kao ni stan u kojem su živjele. Znala je da to neće trajati vječno, imala je jasnu želju i znala je da postoji način da to i ostvari.

– Nešto si zabrinuta danas? – upitala ju je kolegica u zbornici kada su ostale same.

– Ma nisam, samo mi nije jasan iznos plaće za prošli mjesec. Manji je za nekih 116 kuna, a nisam sigurna zašto – rekla je s podignutom obrvom.

– Jesi koristila godišnji možda?

– Kako ne, išla sam na put oko svijeta s ovom svojom plaćom – rekla je sarkastično i nasmijala se.

– Nije me bilo jedan petak kada se Jana razboljela, ali to ne može biti to?

– Nažalost, draga, može. Moj brat je na stručnom i skidaju ti dnevnicu za svaki dan bolovanja.

– Čak i znam tu informaciju, ali mi, evo, nije palo na pamet. Pa da, to je dnevnica i 7 kuna za prijevoz.

Nije mogla vjerovati. Ma zapravo nije mogla vjerovati da ne može vjerovati. Zašto se i dalje tome svemu čudila?

– Stvarno, da nije tužno, bilo bi smiješno. Ali ne brini se, uskoro završavaš to glupo stručno i sve će biti drugačije.

– Točno, bit ću opet nezaposlena. Obožavam promjene.

– Ma nema šanse! Nema osobe koja nije zadovoljna tvojim radom. Ne znam samo kakva bi čuda izvodila da imaš cijeli razred.

– Hvala ti, ali pusti ti to. Dok se to ne dogodi, ipak ja već sad tražim posao.

– Kužim, da, ali stvarno vjerujem da će te ostaviti. Zaboravila sam te pitati, je li te zvala Davorova mama?

– Snježana? Vidjela sam propušteni poziv i potpuno zaboravila, vjerojatno je bila ona. Idem nazvati da vidim što je trebala.

Davor je bio dječak s težim slučajem ADHD-a, ali o tome se na taj način nije govorilo, a Nora svakako nije bila osoba koja može postaviti tu dijagnozu. U razredu je ometao nastavu, nije se mogao koncentrirati na zadatke, bio je glasan i upadao je u riječ svaki put kada bi netko odgovarao. Bio je od vrtića ocijenjen kao zločesto dijete, kojemu su stalno govorili da se smiri ili je stalno bio u kazni. Stajanje mirno u kutu dok je u učionici bila neka igra ili zadatak koji on nije ispunio, za njega je bilo najgore mučenje na svijetu. Stajao bi u kutu i vrištao od plača, pa dok je on bio u kazni, zapravo nitko ništa nije mogao raditi. Nora je točno znala što takav način rada njemu može učiniti i bilo joj je žao što on nije jedno od djece koja dolaze u produženi boravak. Njegova mama, Snježana, dobila je preporuku od druge mame i željela je znati može li Nora možda raditi s Davorom izvan nastave. Pristala je jer je to bilo upravo ono čime se željela baviti, a i dodatna zarada joj je bila prijeko potrebna. Njezin je tjedan sada bio potpuno ispunjen, ali ju je veselilo što ima privilegij raditi ono što voli. Dodatno je doma proučila ADHD kao poremećaj ponašanja i vidjela mnogo simptoma koje pokazuje Davor, barem prema pričanjima njezinih kolega. Stalno se nekuda kretao, a ako je morao sjediti na miru, morao je barem raditi nešto s rukama. Imao je impulzivne i nepredvidljive reakcije i često je upadao u nevolje. Bio je promjenjivog raspoloženja i sve je to utjecalo na to da nije imao mnogo prijatelja. Osjećao se usamljeno i stalno je za nešto bio kriv, a to je sve imalo jako loš utjecaj na njegovo samopouzdanje, čak i u tako ranoj dobi.

Ravnatelj ju je pozvao na razgovor mjesec dana prije isteka ugovora, jer joj je na vrijeme želio reći da neće moći ostati u školi. Ministarstvo im je odobrilo stručno osposobljavanje i za sljedeću godinu, a zapošljavanje na taj način mnogo im je isplativije. Bilo mu je žao jer je primijetio koliko je predana radu i koliko su roditelji zadovoljni njome. Što je najžalosnije, vjerovala je da je iskren, ali joj je bilo žao što će na tome stati.

Očekivala je nalet panike, nalet gušenja ili pritiska u plućima. Očekivala je da će plakati ili vrištati. Očekivala je bilo kakvu reakciju, ali samo je šutjela. Zahvalila mu je i izašla iz njegova ureda. Uzela je stvari i otišla iz škole. Bila je razočarana i slomljenog duha. Potpuno svjesna situacije u kojoj više nije čak ni kandidat za stručno osposobljavanje, znala je što je čeka prilikom traženja posla. Kako je moguće da uopće stoji i hoda, pitala se šećući gradom koji je iskreno zavoljela. Glava joj je bila potpuno prazna i osjećala se kao luđak koji upravo svjesno proživljava živčani slom.

Otišla je do Davora na instrukcije i brinula se hoće li uopće biti u stanju s njime išta raditi. Dočekao ju je u svojoj sobi nervozno završavajući nekakvu igračku. Njegova kratka smeđa kosa okruživala je maleno, pravilno lice. Uvijek je nešto promatrao i imala je osjećaj da će to dijete sa 12 godina imati one male bore između obrva koje dobiješ kada si ljut ili o nečemu stalno razmišljaš. Imao je pravilne zube i lijep osmijeh koji, nažalost, nije imala često priliku vidjeti. Igračku je izradio za nju i njoj se odmah osmijeh vratio na lice. *Pa dobro, Nora, znaš i sama da nisi kriva za taj otkaz. Dala si od sebe najviše što je ljudski moguće. Ovo je ono što se računa.*

Tu je večer sjedila i gledala TV dok se Jana igrala igračkom koju je izradio Davor. Tek je tada shvatila što je on zapravo napravio. Na prvu je igračka izgledala kao skupina štapića za sladoled povezanih nekakvom šarenom špagom, ali kako je Jana povlačila te štapiće oni su počeli formirati stazu po kojoj se mogla poslati mala metalna loptica koju je Davor stavio u sredinu. Nora je Jani uzela igračku i počela je proučavati. Nije mogla vjerovati! Znala je koliko je koncentracije bilo potrebno da se ovakvo nešto izradi, a pogotovo djetetu s ADHD-om. Ovo je za njega morao biti toliki napor, da je mogla samo zamisliti koliko je bio sretan i ushićen kada je uspio. To je bilo ono što joj je trebalo! To je bio znak da ona mora ovo raditi do kraja života, po svaku cijenu!

Počela je sama sa sobom naglas razgovarati o tome koje su sve metode dovele do toga da Davor može izraditi ovakvo nešto i vraćala je film o svemu što su zajedno radili. Pokušala je izdvojiti poseban zadatak ili igru koju su imali, ali je brzo shvatila koliko je to sve povezano. Kockice su se samo počele slagati. Kroz glavu su joj prolazila sva djeca koju je dosad imala priliku upoznati, a koja su pokazivala neke promjene u ponašanju. Počela je za svakoga od njih dobivati točno onaj jedan pristup iz kojeg će se sve drugo širiti. Ona će stvoriti mjesto na kojem će pomoći djeci kao što je Davor i to će se mjesto zvati Želja.

Počela je slagati plan i stavljati na papir sva pitanja koja su joj se pojavljivala. Odlučila je da za početak može kvalitetno raditi s osmero djece, i to u dvije skupine po četiri. Pronaći će ono što im zadržava koncentraciju i svaki predmet učenja koji zasad imaju prezentirat će im kroz to. Njezin program neće imati veze sa školskim programom niti će tako biti određen, ali će njezin rad izravno utjecati na poboljšanje sposobnosti kako bi djeca mogla pratiti školski program. Odnosno, s obzirom na to da je bila uvjerena da su ta djeca genijalci, nadala se da će školski program moći pratiti njih.

Bila je uzbuđena i sretna. To je bilo to! Ovakav osjećaj nikada prije nije imala. U trenutku kada joj se život raspadao, kada nije imala ništa i kada je po svim pokazateljima bila sat vremena od živčanog sloma, ona je vjerovala da napokon ima rješenje. Ne samo da je vjerovala, ona je bila uvjerena da će to funkcionirati. Skakala je po stanu kao luđakinja i primijetila da je Jana zaspala na fotelji.

– Daj, Nora! Budalo jedna. Ne znam ja otkud tebi takvo dobro dijete. Odnijela ju je u krevet i nekoliko minuta sjedila kraj nje. Promatrala je to najveće bogatstvo koje ima u životu. Ispunjena istinskim osjećajem sreće, mira i zahvalnosti, osjetila je osmijeh na svom licu. Osmijeh koji je puno teže obrisati nego suze i u tom je trenu bila zahvalna što je to točno tako i zamišljeno. Svakom stanicom svoga tijela osjećala je da će napokon moći ispuniti obećanje koje je dala kćeri. Palo joj je na pamet da ide provjeriti zakone koji određuju rad takve ustanove, ali se na putu do računala zaustavila.

– Nora, dovoljno si pametna da znaš da će te gledanje i proučavanje zakona samo oneraspoložiti – rekla je sama sebi, legla kraj Jane i zaspala nikad sretnija.

Idući je dan ponovo išla k Davoru i ponijela igračku da mu zahvali. Nije mogla vjerovati koliko je bio sretan što je shvatila kako igračka funkcionira. Isto tako nije mogla vjerovati da je on pustio nju da to sama shvati. Nakon instrukcija Snježana ju je pozvala da ostane na kavi, što je Nora drage volje prihvatila. Bila je ona mlada mama na kojoj se vidjelo koliko je umorna. Obično je bila obučena u traperice i kratku majicu preko koje bi imala vestu ili košulju. Nije se pretjerano uređivala, ali je zračila nekom prirodnom ljepotom. Imala je puno obaveza s poslom i s Davorom pa je umor polako postao dio njezina svakodnevnog izgleda. Muž joj je bio jednako zaposlen kao i ona i Nora ga je svega nekoliko puta vidjela, i to na samo par minuta.

Ni sama nije sigurna kako je do toga došlo, ali počela je Snježani pričati sve o svojoj ideji. Bila je uzbuđena i toliko motivirana da joj se Snježana mogla samo diviti. Ona je iz prve ruke vidjela za što je sve Nora sposobna i željela joj je to dati do znanja. Ono što je ona u nekoliko mjeseci postigla s njezinim sinom, nije uspio nitko nikada. Snježana uopće nije sumnjala da Nora postoji na ovome svijetu da bi se bavila upravo time. To joj je i rekla kada je Nora stala kako bi došla do zraka od silnog uzbuđenja koje ju je uhvatilo dok je predstavljala svoju ideju, kao dijete koje mami objašnjava neku najbolju stvar na svijetu koja se dogodila. Nora ju je samo slušala i počela plakati.

Bilo joj je neugodno što ženi cmizdri u kuhinji, ali nije si mogla pomoći. Nije ni sama shvaćala koliko joj je bilo potrebno da je netko razumije i da bez ikakve sumnje osjeti nekoga na svojoj strani. Snježana joj je spomenula svoju prijateljicu Anu, koja je pokrenula svoje poslovanje, pa iako se radi o školi stranih jezika, sigurno ima savjete koji bi joj mogli pomoći. Nora nije znala odakle treba krenuti, ali je znala da će sigurno uspjeti, a kada to znaš i vjeruješ, svemir se obično pobrine za sve ostalo.

22

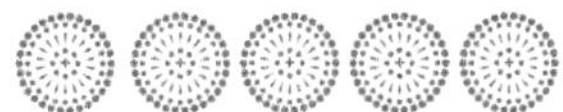

U glavi joj je pulsiralo od gomile nepovezanih informacija. Danima se već mučila s iščitavanjem pravilnika i iskustava ljudi po forumima, a nije mogla reći da je išta pametnija nego što je bila prije toga. Jednostavno, sve te informacije nisu imale reda ni poveznicu. Stalno se vrtjela u krug i to ju je počelo do beskraja frustrirati. Postajala je sve razdražljivija i imala je sve manje živaca. Kada je poludila na Janu jer je prosula bojice iz plastične kantice u kuhinji, uplašeni pogled njezine kćeri natjerao ju je da stane na loptu. Što je meni? Zar ću se pretvoriti u ovo? Ovakav će nam biti život? Ja ću divljati na svoje dijete jer je dijete? Ni ona ni ja nismo krive za ovo stanje, nemamo utjecaja na to niti možemo išta promijeniti.

Skupljala je bojice i suze su joj tekle niz obraze. U pokušaju da osigura Jani bolji život, radila je sve ono čemu u životu koji im je zamišljala nije bilo mjesta. Uopće više nije bila posvećena Jani, bila je odsutna mislima, bila je nervozna jer se vrti u krug, živčana jer nitko od službenika na tim ispraznim šalterima nema točne informacije, frustrirana što sve to toliko traje, tužna jer ima ideju, a ova država joj onemogućuje da je provede. Bila je umorna od svega. Kad je pokupila i zadnju bojicu, pogledala je Janu, koja je već zaboravila na njezin ispad i gledala je crtić na televizoru. Nora je otišla do ladice i kopala po njoj dok nije izvukla malu kuvertu sa zelenim cvijećem. Poklon-bon masaža koju je dobila od Monike za rođendan, a od tada je skupljala prašinu na dnu ladice koja je služila kao svaštara u kuhinji. Točno to mi treba da se saberem, pomislila je.

– Prestani mi ići na živce! Ne čuvam je prvi put. Ako nešto bude, zvat ću te, sad idi jer je bilo vrijeme da se malo opustiš. Od tvoje nervoze svi smo nervozni.

Monika ju je doslovno izgurala pred vrata i zalupila joj ih pred nosom.

Do salona je išla dužim putem, uživajući u svježem zraku. Disala je duboko i polako. Pretvarala se u staru usidjelicu frustriranu svojim životom. Neće dopustiti državi da je opet pobijedi. Neće joj opet uzeti polet, dostojanstvo i njezino pravo na život kakav želi. Ni njoj ni Jani. Ako je dosad išta naučila, naučila je kako se ne predati.

Salon je bio prekrasan, odisao je mirom. Svjetla su bila prigušena, na nekoliko ormarića gorjele su lučice, a miris je bio sladak i opuštajući. Ljubazna djevojka, mlađa od nje, uvela ju je u posebnu prostoriju u kojoj je bio potpuni mrak i svirala je melodija koja je oponašala zvuk mora, ptica, cvrčaka i općenito prirode. Legla je na stol koji je bio na sredini prostorije i odlučila potpuno isprazniti glavu. Ovo je bio njezin trenutak. Njezinih sat vremena. Djevojka je izlila malo ulja na ruke. Čula ju je kako ga stišće iz pumpice i laganim je pokretima počela kružiti po Norinim leđima, usmjeravajući jačinu stiska baš gdje treba. Nora se počela osjećati kao da je na sedmom nebu.

Sat vremena poslije, trčećim je korakom žurila doma. Kako je mogla biti tako blesava i zaboraviti na Anin broj koji joj je dala Snježana. Došlo joj je to u glavu, otprilike na polovici masaže, kada je valjda potpuno prazne glave mozgu dala priliku da sam malo luta svojim bespućima. Čim dođe doma, nazvat će je i dogovoriti sastanak. Sve je pogrešno radila, njoj je trebao netko s iskustvom, tko joj može konkretno reći odakle da krene i na što da obrati pozornost. Izgubila je dane i tjedne pokušavajući sama pronaći nešto korisno, a sve vrijeme je imala mogućnost da se obrati nekomu tko je prošao nešto slično. Nikada više neću pomisliti da su masaže i slične ugode vlastitom tijelu bacanje novca, pomislila je sa smiješkom, puno opuštenija i zadovoljnija.

Zavalila se u crveni debeli naslonjač kafića koji je bio uređen u starinskom stilu. Došla je prije dogovorenog termina jer je bila previše nestrpljiva da bi čekala kod kuće. Naručila je ogromnu šalicu vruće čokolade, jer ništa ne može poći po zlu kada imaš duplu dozu tog tekućeg zlata pri ruci. Stolić na kojem je stajala bio je starinski s malenim gravurama, prstom je pratila jednu u obliku ruže s trnjem.

– Bok! Napokon da se i službeno upoznamo. Ja sam Ana.

Ruku joj je pružila niska žena crvene kose i velikog širokog osmijeha. Oči su joj bile smeđe i djelovale su živo i nestašno jer su se prebacivale s predmeta na predmet začuđujućom brzinom. Sjela je pokraj Nore i bez imalo suzdržavanja uhvatila je za ruke.

– Imaš prekrasnu haljinu i tako ti dobro ističe ten i oči.

Nora je na tren ostala zatečena njezinom izravnošću i iskrenošću. Prvi put su se vidjele jer su dosad razgovarale samo telefonom nekoliko puta. Gledajući njezin iskreni osmijeh i sama se osmjehnula. Ova prekrasna žena joj je nesebično nudila pomoć. Očito, ipak nebo ima rezervu lijepih stvari da ih pošalje onomu komu treba u pravi trenutak.

– Drago mi je da se napokon vidimo. I ne znaš koliko mi znači ovaj susret – odgovorila je Nora na njezino zarazno oduševljenje.

– Onda te nećemo ostaviti da dugo čekaš, slušam što te zanima, sada i detaljnije nego preko mobitela – rekla je i mahnula konobaru da će i ona isto što i Nora.

– Vruća čokolada najbolja je za rad mozga – namignula joj je i naslonila se u naslonjač koji je bio tako golem u odnosu na nju da je potpuno utonula u njega.

– Naprosto ne znam odakle krenuti. Imam ideju, imam želju da je ostvarim, ali nisam se pomaknula dalje od toga. Želim otvoriti dnevni boravak za djecu koja imaju određene poremećaje u ponašanju. Želim svakome od njih pojedinačno prilagoditi način rada i učenja. Ono što mene muči jest – sve ostalo. Ne znam odakle krenuti, kako se otvara obrt? Treba li to uopće biti obrt? Slobodna djelatnost? Koji papiri mi trebaju? Koja davanja državi moram dati? Mislim, ne bih da me zatvore zbog neke utaje poreza ili slično. Kome se mogu obratiti, tj. kome moram, koje institucije moram obavijestiti? I slično. Ako si uopće razumjela.

– Naravno da jesam. Prošla sam istu stvar. Nakon što sam od nekoliko službenika na istome radnom mjestu dobila potpuno različite informacije, odustala sam od takvog načina traženja informacija i takva frustrirana otišla, smijat ćeš se, ali očajni ljudi svašta rade, dakle, otišla sam na politički skup.

– Politički skup? – Nora je malo skeptično dočekala tu informaciju. – *Ok*, ovo nisam očekivala.

– Da, znam da zvuči čudno, ali bilo je predizborno vrijeme, svima su bila puna usta zapošljavanja mladih ljudi, pomaganja mladim ljudima, poticanja mladih ljudi i sličnih slogana. Pa sam mislila *ok*, Ana, nemaš što izgubiti. Došla sam tamo i postavila pitanje. Ni sama ne znam odakle sam izvukla hrabrost, mislim iz očaja. Digla sam ruku i tada najperspektivnijeg kandidata, o kojem su sve novine brujale i ankete mu davale prednost, pitala što on konkretno misli učiniti u vezi s tim što mladi ne mogu doći do posla niti pokrenuti vlastito poslovanje. On mi je odgovorio onako kako to političari rade, u rukavicama, kao mačak oko vruće kaše. Taman kad sam mislila upustiti se u raspravu do besvijesti s njime, čime bih riskirala da me izbace s političkog skupa, što bi bilo dno dna čak i za očajnog čovjeka, prišla mi je Ema, mlada žena koja je radila na njegovoj kampanji i ponudila mi pomoć. Naime, rekla mi je za poticaje na koje imam pravo, te me uputila da pokucam na prava vrata kako bi ih i ostvarila. Saznala sam da, prije svega, moraš razgovarati s knjigovođom. Oni će ti najbolje objasniti prednosti i nedostatke svih oblika poslovanja koji postoje. Prvi korak bi svakako bio saznati baš to što si navela, trebaš li otvoriti obrt, j.d.o.o., d.o.o. i slična slova. Kada to odlučiš, ideš na skupljanje papira. Tome nema kraja i na to se dobro pripremi. Uvijek, ali uvijek će ti nedostajati još jedan papir. Dalje bih ti savjetovala razgovor s nekim stručnjakom koji se bavi povlačenjem sredstava iz EU fondova. Za to ću ti dati kontakt od dečka s kojim sam ja radila. Super je stvarno i radi na principu da ga platiš ako dobiješ sredstva, a ako ne dobiješ, plaćaš samo troškove prikupljanja svih tih papira.

Ana je pričala bez prestanka sat vremena, a Nora je sve zapisivala. Toliko je korisnih informacija dobila, da je mogla samo u čudu gledati kako Ana njima barata. Ono što joj je u tom trenutku najviše značilo bilo je to što joj je Ana bila spremna pomoći ako zapne u bilo kojem trenutku.

Sada je njezina ideja dobila fizički plan djelovanja. Odlučila je kako će izgledati plan napada. I tu, u tom trenutku ispijanja vruće čokolade s onim najkvalitetnijim tipom osobe koja će nesebično potpunom neznancu podijeliti sve svoje znanje, tu je odlučila da otvara svoje poslovanje i da nema više nazad od takve odluke.

*

Otpila je gutljaj piva koji je bila prisiljena naručiti. Sjedile su već sat vremena, a popila je tek trećinu i nije joj se činilo da će joj bolje krenuti. Jedino što je sa sigurnošću mogla ustvrditi jest da joj se otvorio apetit. Što je i potvrdio njezin želudac kada je glasno zakrčao.

– Čaj bi mi puno bolje odgovarao – optužujuće je pogledala Dajanu koja je samo zapanjeno gledala u nju.

– Iiiii? Zaboravila si kako ide dalje ili...?

– Nema dalje – još jedan prisiljeni gutljaj koji je popratila nekim čudnim izrazom lica.

– To je zapravo bilo prije nekoliko dana, i sljedeće što ću učiniti jest krenuti u nove pobjede. Po svojim pravilima.

– Nora, ugodno si me iznenadila! Više uopće nisi ona Nora koju smo znale u srednjoj školi! Ni cendrava, ni plačljiva, ni ovisna ni plašljiva! Stvarno, svaka čast, promijenila si se za tisuću stupnjeva – Veronika je izgledala dirnuto.

– Dovraga, dosta patetike, još samo treba da se tu pekmezite. Mogle bismo nešto pojesti, ha? Sestra mi je rekla da se otvorio neki Crafter i da oni tamo redovno žvaču – Sofija je vadila mobitel da vidi broj za narudžbu. Kad je guzica njezine sestre bila u pitanju, ni trenutka nije sumnjala da se odabire samo najbolje.

– Prije nego što krenete poharati jelovnik, samo da vam kažem da sam ja ta Ema i jasno kao da je bilo jučer sjećam se te gospođe... Tada mi je bio prvi dan na poslu!

Četiri zabezeknute glave okrenule su se prema njoj, a ona je kroz prozor zamišljeno promatrala njihovu staru školu. Koliko ju je uspomena salijetalo pri samom pogledu na to veliko zdanje. Svaki prozor ju je asocirao na predmet koji su u toj učionici imali. Prizemlje, tri prozora zaredom s desne strane zgrade, sat engleskog jezika kada je Goran bacio mobitel kroz prozor da mu ga profesorica ne nađe. Pogled na srednji kat, učionica u sredini, sat kemije i njihovo guranje u stolici na kotače na kojoj sjedi profesor. I zatim pogled na najvišu učionicu, na zadnjem katu, gdje su odmah nakon te avanture sa stolicama dva školska sata slušali tiradu razrednice kako se ne znaju ponašati i kako će im ona izbiti iz glave takvu neodgovornost.

– Ideš!

– Ne seri! – Sofija je bila najglasnija.

– Očito se nije sve promijenilo, ti si Sofija i dalje kao kočijaš – nacerila se Veronika, na što je ova samo odmahnula rukom, nestrpljiva da čuje i Emu.

– Pa što šutiš, pričaj, ženo!

Ema je skrenula pogled sa škole na cure koje su izgledale kao hrpica djece kojima je upravo obećana puna vreća slatkiša. Oči širom otvorene, a usta otvorena toliko da je izgledalo da će svaki tren početi sliniti. U trenu je znala da se u ovih deset godina nije ništa promijenilo i da su i dalje to one iste djevojčice koje imaju jedna drugu, koje su tu jedna za drugu i, što je najvažnije, koje suosjećaju jedna s drugom. Sada su to bile žene, iskrene, dobre i tople žene. Njezine prijateljice. Pa dobro! Ako netko može čuti njezinu priču, onda su to one, istina se naposljetku i tako uvijek sazna.

– Možda i nije tako loša ideja da prvo nešto pojedemo. *To vam je duga priča...*

Malo o nama
i komu smo sve zahvalne

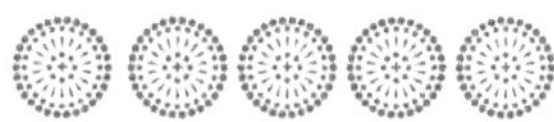

S obzirom na to da smo dvije, ovaj ćemo dio malo razdvojiti jer je puno toga što bismo tu željele reći, pa moramo malo smiriti doživljaj jer nema smisla da ovaj dio bude kao pola knjige.

Dakle, prvo malo Marina o Nataši. Nataša je cura s kojom sam išla u srednju školu, i premda smo različite u svakom pogledu, ono oko čega se slažemo definitivno su knjige. Kemijski je inženjer i obožava tu kemiju, što ja nikada nisam shvaćala, ali dobro. Udana je i ima prekrasnog malog sina, moje kumče, koji će ovu knjigu morati znati napamet. Od svih kojima ću sada zahvaliti, počinjem s njom jer da nije nje, nešto o čemu sanjam cijeli život nikada se ne bi dogodilo. Ima poseban način da me smiri i načine da me nasmije i moja je srodna duša po knjizi.

Ostali koji su sve vrijeme bili uz mene moji su roditelji, koje volim više od ikoga na svijetu i koji nisu ni svjesni koliko su mi toga pružili. Ne postoji osoba na svijetu koja me voli više od mog tate, koji bi doletio u sekundi ako ja to tražim. A moja bi mama došla s njim. Ona je osoba koja uvijek prva čita sve što napišem i koja će za bilo što što mi treba okrenuti nebo i zemlju. Zahvalna sam svojoj braći i obitelji koji su na mene jako ponosni, a meni je to lijepo. Oko sebe imam nevjerojatne ljude koji su svaki dio ove knjige dijelili sa mnom, i na tome ću im biti vječno zahvalna, iz sveg srca,a ono što je još važnije, znam da su toga svjesni. Hvala, Marina, Iva, Iva, Matea, Lucija i Lidija ("k89mshl"), jer ste imale razumijevanja za apsolutno sve što se događalo od prvog dana - da nije vas, nisam sigurna što bi bilo s mojom glavom. Hvala, "male cure", hvala svima vama s kojima sam radila i svima koji ste s nekim razlogom ušli u moj život. Znam da vam je svima tu mjesto.

Sad malo Nataša, za početak o Marini. Marina je osoba koju bi čovjek bez razmišljanja odabrao za uzor svom djetetu. Dobra, iskrena i poštena, sve ono što cijenim kod ljudi. Moj najbolji prijatelj po pisanoj riječi i smislu za humor. Svaki je trenutak našeg rada bio ispunjen iskrenim smijehom i samim uživanjem. Po struci novinarka, a u životu se bavi društvenim mrežama, što je meni nešto toliko strano da je nemoguće uopće objasniti koliko. Zato joj najprije zahvaljujem što zna sve ono što ne znam ja, jer nas to čini odličnim timom. Svakako joj hvala na tome što je tu, uz mene, jer da je nema, moj san još bi bio samo san. Način na koji moju tvrdoglavost ublaži, moju ljutnju utiša i moje oduševljenje obuzda, nešto je što moram voljeti i cijeniti.

Mnogo je ljudi kojima bih rekla hvala samo zato što postoje u mom životu, što me slušaju kako sto puta govorim isto, što vjeruju u mene i što mi žele najbolje. Previše vas je da vas sve nabrojim. Ali u srcu ste.

Posebno hvala mojoj obitelji. Tati koji uvijek kaže: ako nemaš podršku obitelji, nemaš ništa. Bratu koji na svako moje nesigurno "Trebam li probati ovo? Hoće li uspjeti?", odgovara s: "Da, uspjet ćeš. Da, moraš. Da, probaj. Da. Da." Mami na nesebičnoj ljubavi i bezgraničnoj vjeri, zbog koje i jesam to što jesam, te što apsolutno ne prihvaća da postoji netko bolji od mene.

Najveće hvala ide mome suprugu Mariju. Za sve složene sušilice rublja, perilice suđa i čuvanja sina kako bih u miru završila poglavlje.

Hvala ti na ljubavi, razumijevanju i strpljenju oko svih mojih uzbuđenja, ti si moja srodna duša. Najslađe hvala upućujem svome sinu, što je tako divna i dobra beba uz koju mogu sve. A posebno zato što mi je, i uvijek će biti, moja najveća inspiracija. Volim te, Marino.

I za kraj dolazi poseban dio u kojem obje zahvaljujemo jer smo potpuno svjesne da bez ovog dijela nikada ne bi bilo ni ove knjige.

Prije svega zahvaljujemo izdavačkoj kući Ceres, odnosno uredniku Dragutinu Dumančiću, Ivici Budoru i Mariji Drempetić što su nas odabrali, dali nam slobodu da sve odradimo baš kako želimo i omogućili da se sve ovo ostvari. Nikada nećete shvatiti koliko nam to znači.

Zahvaljujemo Teni Sedlaček, odličnoj mladoj arhitektici, za naslovnicu. Ona je od naših uputa tipa: "Mi bismo da to bude baš prekrasno, onako upadljivo i sa stilom, a opet jednostavno i elegantno" napravila čisto čudo. Nikada nećemo shvatiti kako.

Zahvaljujemo i Andrei Pančur za čitanje tisuću verzija jednog običnog *maila* jer smo stalno u panici da ne ispadnemo blesave. Ona nikada nije propustila priliku da pogura našu priču bilo komu i bilo gdje. Nema ona pojma koliko nas je to puta spasilo.

Posebno hvala Alis Marić za prvi poticaj da radimo nešto posebno. Zamislite osobu kojoj se divite, onako da imate strahopoštovanje prema njoj i svemu što je postigla. I onda ona pristane sjesti s vama i čuti vašu priču. I svidi joj se. I podijeli s vama informacije i usmjeri vas dok ste skroz smotane i zbunjene. E, to je nama bila Alis Marić. Cijeli ćemo joj život biti zahvalne.

Komentari prvih čitatelja

"Fantastično! A onaj kraj?!? Nemam riječi, stvarno je odlično!" – *Ružica*

"I eto, zgutah ja nju… u jednom dahu :) Mislim da to dovoljno govori samo po sebi. Da bih riječ rekla." – *Marina (ne ova koja je pisala)*

"Jedva čekam da izađe i već sad mi je žao što ću je samo jednom prvi put pročitat :) Obožavam je! Preponosna sam i želim da svi tu knjigu pročitaju i budu uzbuđeni kao i mi!" – *Iva*

"Jučer sam čitala vašu knjigu. To je tako lijepo napisano, a istovremeno tužno i napeto. Toliko me ta priča dirnula da vam ne mogu opisati. Ne znam kad je nešto potaknulo toliko mojih emocija! Svaka čast!" – *Andrea*

"Prekrasno! Neopisivo sam ponosna! Stvarno je super knjiga i bila bi ludost da se ne objavi. Odlična je!" – *Iva*

"Ponosim se!! Svaka čast, baš, eto, ne znam kojim bih vas sve riječima ishvalila. Želim vam svu sreću svijeta da to prođe kak' ste zamislile i još jednom svaka čast!" – *Tihana*

"Pročitah u rekordnom roku. Sumnjam da ću čitati vaše knjige ako mi ne obećate da nisu toliko okrutne i da ne izazivaju ogromnu tugu popraćenu suzama." – *Mario*

"Sve pročitano, jako dobro napisano, zanimljivo i obećavajuće štivo. Dobro ste se povezale, ne mogu svugdje otkriti koje je čije poglavlje." – *Jadranka*

"Ne znam jel' zato što mogu zamisliti to okruženje pa mi se bilo baš jako lako uživjeti, ali skroz ste me rasplakale, naživcirale i nasmijale." – *Irena*

"Bravo. U trendu modernog dvoautorskog pisanja, pojavljuju se pod pseudonimom dva pera. Dva hrabra ženska pera. Zanimljivo. Ako je to prvijenac, iskreno bravo." – *Vesna*

"Poštovane, zahvaljujem vam na časti što među prvima čitam 'Želju'. Malo je reći da sam oduševljena!" – *Nataša (isto ne ova koja je pisala)*

"Stvarno me rasplakala, dirnula i ohrabrila. Sviđa mi se što se u dijelovima knjige možeš prepoznati." – *Josipa*

"Baš uživam u ovoj knjizi. Vas dvije ste čudo!" – *Iva*

"Baš je čitljiva. Rečenice su kratke i baš onakve kakve ja volim, a ne da zaboraviš do kraja rečenice o čemu se radi." – *Gordana*

"Baš mi se jako sviđa, pročitala je cijelu za dva dana. I stil i sve, baš je pitka." – *Lucija*

"Sad jedva čekam korice, da pročitam sve kako spada negdje ležeći na plaži. Jako je jednostavna i pitka i čitljiva i rečenice se samo slažu, što je divno!" – *Matea*

"Svidjela mi se jako. Rasplakale ste me i nasmijale i razveselile. Svaka čast!" – *Mateja*

"Super, super! Baš mi je dobro sjela i veselim se držat je u nekom prikladnijem obliku u rukama." – *Tena*

Mana Pass
Želja

Roman

Put rukopisa
Vinogradska 118
44320 Kutina

manapass1010@gmail.com
Contact
+385997981299
+385998331262

Priprema i grafičko oblikovanje
Tena Sedlaček